DEUS E CIÊNCIA
O PARADIGMA VÉDICO

Editora Appris Ltda.
1.ª Edição - Copyright© 2021 dos autores
Direitos de Edição Reservados à Editora Appris Ltda.

Nenhuma parte desta obra poderá ser utilizada indevidamente, sem estar de acordo com a Lei nº 9. 610/98. Se incorreções forem encontradas, serão de exclusiva responsabilidade de seus organizadores. Foi realizado o Depósito Legal na Fundação Biblioteca Nacional, de acordo com as Leis nos 10. 994, de 14/12/2004, e 12. 192, de 14/01/2010.

Catalogação na Fonte
Elaborado por: Josefina A. S. Guedes
Bibliotecária CRB 9/870

S958d 2021	Sunu Das, Nanda Deus e ciência : o paradigma védico / Nanda Sunu Das. - 1. ed. - Curitiba : Appris, 2021. 183 p. ; 23 cm. Inclui bibliografia. ISBN 978-65-250-0065-7 1. Religião e ciência. 2. Filosofia e ciência. 3 Tecnologia. I. Título. II. Série.
	CDD – 215

Livro de acordo com a normalização técnica da ABNT

Appris
editora

Editora e Livraria Appris Ltda.
Av. Manoel Ribas, 2265 – Mercês
Curitiba/PR – CEP: 80810-002
Tel. (41) 3156 - 4731
www. editoraappris. com. br

Printed in Brazil
Impresso no Brasil

Nanda Sunu Das

DEUS E CIÊNCIA
O PARADIGMA VÉDICO

FICHA TÉCNICA

EDITORIAL
Augusto V. de A. Coelho
Marli Caetano
Sara C. de Andrade Coelho

COMITÊ EDITORIAL
Andréa Barbosa Gouveia (UFPR)
Jacques de Lima Ferreira (UP)
Marilda Aparecida Behrens (PUCPR)
Ana El Achkar (UNIVERSO/RJ)
Conrado Moreira Mendes (PUC-MG)
Eliete Correia dos Santos (UEPB)
Fabiano Santos (UERJ/IESP)
Francinete Fernandes de Sousa (UEPB)
Francisco Carlos Duarte (PUCPR)
Francisco de Assis (Fiam-Faam, SP, Brasil)
Juliana Reichert Assunção Tonelli (UEL)
Maria Aparecida Barbosa (USP)
Maria Helena Zamora (PUC-Rio)
Maria Margarida de Andrade (Umack)
Roque Ismael da Costa Güllich (UFFS)
Toni Reis (UFPR)
Valdomiro de Oliveira (UFPR)
Valério Brusamolin (IFPR)

ASSESSORIA EDITORIAL
Cibele Bastos

REVISÃO
Andrea Bassoto Gatto

PRODUÇÃO EDITORIAL
Letícia Hanae Miyake

DIAGRAMAÇÃO
Luciano Popadiuk

CAPA
Amy Maitland

COMUNICAÇÃO
Carlos Eduardo Pereira
Débora Nazário
Kananda Ferreira
Karla Pipolo Olegário

LIVRARIAS E EVENTOS
Estevão Misael

GERÊNCIA DE FINANÇAS
Selma Maria Fernandes do Valle

COORDENADORA COMERCIAL
Silvana Vicente

AGRADECIMENTOS

Nasci na mais escura ignorância e meus mestres abriram meus olhos com a luz do conhecimento. Ofereço-lhes minhas respeitosas reverências.

Agradeço, inicialmente, aos meus pais e aos meus professores.

Agradeço profundamente a misericórdia imotivada de todos os mestres espirituais, especialmente, a A. C. Bhaktivedanta Swami Prabhupada, Purushatraya Swami e Hara Kanta Das Prabhu, por me mostrarem a luz do conhecimento, com o qual se pode iluminar este mundo de ignorância e escuridão, andar sem medo e poder desviar dos perigos do caminho.

Athato brahma-jijnasa
"Então, indaguemos sobre a realidade última".

Dedico este livro ao meu mestre espiritual e a todos os devotos sinceros de Deus, a Suprema fonte de onde Tudo emana.

APRESENTAÇÃO

É sempre muito difícil dizermos algo fora da nossa área de formação e zona de conforto, especialmente quando nos defrontamos com os grandes mestres do conhecimento. Nesta terra de gigantes, estamos sujeitos a dizer muita bobagem, mas é sempre melhor pensar nas provocações que eles nos colocam, do que nada pensar.

O autor

PREFÁCIO

Apreciei muito o trabalho, fruto de uma longa e profícua investigação abrangendo as grandes e graves questões dos problemas que atingem a ciência e suas relações com Deus. Apreciei, sobretudo, as análises, que brotam de uma convicção serena e profunda baseada na Fé, no plano transcendental e no próprio Deus como Ser Supremo.

O livro transita com facilidade pelas questões fundamentais que envolvem a ciência, a filosofia e a tecnologia; o mundo moderno em suas crises e dificuldades; as dimensões da espiritualidade e da autorrealização espiritual; a visão vaishnava e, por fim, a conclusão, retomando o tema central da ciência e da religião.

Na análise dos autores, que marcaram a história do pensamento moderno, como Marx, Freud, Jung, considero que algumas análises, sobretudo com relação a Marx e Jung, passaram muito rapidamente. Idem com relação à tecnologia, que poderia merecer alguns aprofundamentos.

Minha apreciação, porém, vai se ater ao aspecto central do seu trabalho: a questão da relação da ciência com Deus.

Do ponto de vista dos paradigmas científicos vigentes durante muitos séculos, principalmente na sociedade ocidental, são dois mundos distintos aparentemente dissociáveis. A luta se trava a partir do que se denomina ciência, entre as provas inequívocas e cabais que demonstrem a verdade da realidade e o desconhecido Ser Supremo, não suficientemente percebido e cientificamente atestado, como ocorre com as investigações no campo da matemática e da física.

São duas razões percorrendo caminhos diferentes. Uma emergindo do racional, construído logicamente a partir de dados e informações concretos, determinista e instrumental, pois se baseia na matéria, no real perceptível e bem concreto. A outra obedece à lógica diferente, com base em outro raciocínio, desconhecida e ignorada pelo cartesianismo ocidental, pois, foge constantemente aos parâmetros estabelecidos.

A outra lógica está fundamentada na gratuidade do dom que é ofertado por Deus, de maneira livre, espontânea e desordenada, que se expressa mediante convites, palavras expressas e signos historicamente construídos.

É a trajetória da Fé, pessoal e desafiante, que penetra a existência e constrói o mundo espiritual e histórico de cada um.

Esse dom já foi oferecido antes do tempo, do espaço e da matéria, mas continua presente e falante como outrora, com a mesma força de expressividade no mundo moderno. Essa Fé é uma convocatória para o diálogo e a comunicação com Deus, fruto de um encontro com um Amor que possui entranhas e densidade de vida. Detém, sem dúvida, uma lógica e um racional, baseados nas aventuras e nos desafios dos amantes do diálogo e da comunicação, que iniciam a história com uma certeza do momento primeiro que não falece, fundamentada, porém, na existência das dúvidas do dia a dia que sofre, caduca, limita, fracassa e vence.

Trata-se de um movimento sem fim, de uma certeza absoluta, mas não formada, incompleta, pois, é tecida constantemente pelos dias da história de cada um. Não há provas, métodos rígidos ou premissas deduzidas de princípios categóricos; há, sim, evidências de testemunhos vividos, de silêncios falantes e explosivos, de palavras comunicativas que se entretêm com o diálogo das faces, dos corpos, dos olhares dos falantes e ouvintes, como as crianças brincando nos jardins da Vida.

Isso não significa que a ciência não tenha condições de se aproximar de Deus. Pelo contrário, os avanços científicos, inclusive os modernos, comprovam os mistérios da natureza e a infinita complexidade do Universo. A física quântica, por exemplo, comprova cientificamente uma matéria quase transcendental e refinada, que aponta, sem dúvida, para um Ente Organizador e Fonte de toda a Vida. Os caminhos do Universo e da natureza são expressões do Criador. Tudo pode conduzir a Ele, inclusive as trilhas da matéria, a evolução do psiquismo humano, as dúvidas e os sofrimentos que acontecem na finitude de nossas vidas.

Mas o ato de a Ele se chegar é consumação do Encontro não racional, não abstrato, porém existencial, acalentado no seio da consciência pessoal e relacional. As razões são outras, baseadas em parâmetros de outra ordem. Isso não significa aceitar passivamente as razões da Fé, pois ela é dinâmica, flexível e comunicativa. A Fé admite e reclama "as discussões com Deus", no dizer e no cantar de Chico Buarque. Trata-se de uma construção interior, vivenciada no dia a dia, que evolui historicamente com os tempos.

Certamente, os orientais admitem experiências transcendentais diferentes das razões cartesianas, testemunhadas por séculos e séculos de vivências exemplares. Os riscos podem acontecer a partir da confusão do divino com o humano por meio de uma consciência indefinida. Riscos da perda de identidade de um e de outro, podendo conduzir o ser humano a alienações perante o real e o histórico da vida. São os perigos que podem nos induzir a fugir do real, do concreto e da história, como se Deus só existisse fora do mundo. Na verdade, nosso Deus não está longe, não é uma distância a ser atingida. Ele é, como diz a tradição judaica, condensa a própria Vida no aqui e no agora.

Bem, eis algumas considerações sobre este belo livro. Fico por aqui torcendo pelo sucesso dessas investigações e pelo êxito de todos os seres na caminhada em busca do Divino, cada vez mais íntimo, pessoal e amigo. Que Deus abençoe o autor em todos os seus passos e o conduza à Felicidade sem fim.

Com um grande abraço do João Augusto.

Curitiba, 31 de janeiro de 2005.

João Augusto de Souza Leão de Almeida Bastos
Doutor em Ciências Teológicas pelo Institut Catholique de Paris (1959), pesquisador CNPq, fundador do Programa de Pós-Graduação em Tecnologia e Sociedade da Universidade Tecnológica Federal do Paraná.

SUMÁRIO

1

CIÊNCIA, RELIGIÃO E FILOSOFIA 19

1. 1 Sobre as autoridades e suas citações 19

1. 2 Introdução 21

1. 3 A ciência materialista 24

1. 4 É possível uma ciência espiritualizada? 28

2

CONHECIMENTO MATERIALISTA EM XEQUE? A NECESSIDADE DE UMA APROXIMAÇÃO ENTRE A CIÊNCIA E A RELIGIÃO 33

2. 1 Sobre o Big Bang e outras teorias de surgimento do Universo 42

2. 2 Sobre a vida 48

2. 3 Sobre a teoria da evolução das espécies 53

2. 4 Sobre o mito dos genes 64

2. 5 Sobre o surgimento dos seres humanos 68

2. 6 Sobre a consciência 71

2. 7 Sobre a matéria e a energia 78

2. 8 Sobre o macrocosmo – Críticas a Stephen Hawking 84

2. 9 Sobre o tempo, eternidade e ação divina 90

2. 10 Sobre Albert Einstein 95

2. 11 Conclusões do capítulo 97

3

FILOSOFIA MODERNA, METAFÍSICA E DEUS 99

3. 1 O ateísmo filosófico e científico 106

3. 2 Comentários sobre alguns filósofos 109

Platão (428-348 a. C.) 110

Montaigne (1533-1592) 111

Descartes (1596-1650) 112

Pascal (1623-1666) 116

Kant (1724-1804) 117

Hegel (1770-1831) 121

Feuerbach (1804-1872) 125

Marx (1818-1883) 130

Sobre a alienação do ser humano 139

Da finalidade do marxianismo 143

Freud (1856–1939) e o ateísmo psicanalítico 146

Nietzsche (1844 – 1900) 155

Wittgenstein (1889-1951) 161

Popper (1902 -1994) 163

4
DEUS, ESPIRITUALIDADE E CIÊNCIA 165
4. 1 SOBRE O MUNDO MATERIALISTA EM QUE VIVEMOS 172

REFERÊNCIAS 175

CIÊNCIA, RELIGIÃO E FILOSOFIA

1. 1 Sobre as autoridades e suas citações

Neste livro, usamos muito o discurso de autoridade, ou seja, a opinião de renomados cientistas e pensadores da humanidade. A partir de algumas ideias apresentadas por essas pessoas, fazemos nossas reflexões e vamos construindo nossa tese. Como este livro não está na rígida forma de texto científico, muitas citações são apenas apresentadas e não necessariamente discutidas exaustivamente, como é comum na lógica acadêmica. Evitou-se também o excesso de formalismo normativo que deixa o texto mais pesado do que já é. Além disso, a maior parte deste livro foi escrita na juventude, há mais de 20 anos, e colocar todas as páginas de onde sairam as citações, neste momento, seria um trabalho inviável.

O uso de aforismos[1] aproxima rapidamente o leitor dos pontos centrais do debate proposto e apesar de, muitas vezes, parecerem reflexões "dispersas", apontam para o contexto geral da obra, que tem como fio condutor a filosofia védica mostrada ao ocidente por Srila Bhaktivedanta Prabhupada. Usando essa técnica, com as citações a seguir, procuramos dar pistas para o leitor sobre o espírito deste livro. Assim, no início de cada capítulo procuramos repetir a dose, trazendo várias citações iniciais, que depois serão discutidas com mais calma ao longo dos capítulos.

"A ciência sem religião é coxa. A religião sem ciência é cega." (Albert Einstein)

"Pouca ciência afasta de Deus. Muita a ele reconduz." (Louis Pasteur)

"Como acontece aos meridianos ao se aproximarem do polo, Ciência, Filosofia e Religião convergem necessariamente nas vizinhanças do Todo." (Teilhard de Chardan)

"A ciência se mostra reticente até quando se trata da grande Unidade, da qual todos nós, de certa forma, fazemos parte, à qual pertencemos. Em nossos dias, o nome mais popular para ela é Deus." (Erwin Schrödinger)

---

[1] Aforismo é qualquer forma de expressão sucinta de um pensamento.

"Eu vi no interior dos átomos, a chave para os mais profundos segredos da natureza, e me foi revelada a grandeza da criação e do criador." (Max Born)

"Os compromissos que governam a ciência normal especificam não apenas as espécies de entidades que o Universo contém, mas também, implicitamente, aquelas que não contêm." (Thomas Kuhn)

"A consciência é o original, completa em si, e constitutiva de todas as coisas." (Amit Goswami)

"O máximo que podemos dizer em última instância é que talvez tudo seja pensamento ou espírito." (Aldous Huxley)

"Descobrimos uma ciência, viciada pelas mesmas obsessões inquisitoriais que ela denunciou nas organizações eclesiásticas." (Rubens Alves)

"Para os crentes, Deus está no princípio de todas as coisas. Para os cientistas, no final de toda a reflexão." (Max Planck)

"Os dados mostram que as crenças afirmativas e esperanças são bastante terapêuticas e que, em especial, a fé em Deus apresenta muitos efeitos positivos sobre a saúde." (Herbert Benson)

"É curioso que onde a ciência e a filosofia pós-moderna não colocam uma causa, um fundamento, um motivo, é exatamente onde a mente religiosa descobre Deus." (Patryck Glynn)

"A história deste século mostra que um relacionamento positivo com Deus, não apenas se trata do início da sabedoria, mas o único caminho pelo qual ela poderá ser alcançada." (Patryck Glynn)

"O fato é que a aproximação do numinoso é a verdadeira terapia e, a medida em que chega as experiências numinosas, a pessoa se liberta da maldição da patologia." (Carl Gustav Jung)

"A verdade não se impõe senão pela força da própria verdade, a qual penetra nas mentes suavemente, porém com vigor." (Umberto Eco)

"Em virtude do escopo cósmico e extracósmico dos Vedas, o conhecimento mundo da Índia antiga parece ser muito mais complexo e amplo do que qualquer coisa que nossos tempos podem oferecer." (Arnold Toynbee)

Govinda

1. 2 Introdução

Os Vedas são o maior e mais antigo corpo de conhecimento sagrado do mundo. Abrangendo as principais áreas de conhecimento humano, têm como meta declarada a autorrealização e a libertação humana. Revelam aspectos íntimos e confidenciais do Deus único, agente da história e fonte de onde Tudo emana. Segundo Devamrita (2019), os Vedas apresentam uma perspectiva majestosa do mundo, seguida a milênios por uma civilização altamente desenvolvida. O livro mais respeitado e também o mais conhecido no Ocidente é o *Bhagavad Gita*, cuja última revelação ocorreu há mais de cinco mil anos atrás.

Neste trabalho eu busco, de maneira respeitosa, discutir questões sobre a procura do conhecimento humano, na perspectiva da religião eterna, o *Sanathana Dharma* védico. Foram analisados, na medida de nossas naturais limitações, alguns caminhos da ciência, da filosofia e da religião na busca pela verdade. Nessas vias de acesso, procuramos o divino, o ser humano e o mundo, essências históricas e fundamentais para qualquer teoria do conhecimento.

Desse esforço não sai uma teoria, mas críticas aos pontos fracos, obscuros e dogmáticos da ciência, da filosofia e da religião, evidenciando as arestas que dificultam a aproximação e a integração dos distintos campos de conhecimento e suas metodologias. Por outro lado, buscou-se reforçar as semelhanças, afinidades e potencialidades, tanto teóricas como práticas, entre esses três campos do conhecimento que parecem tão distintos, mas do nosso ponto de vista podem e devem ser unidos na perspectiva da Verdade Absoluta, como propõe a síntese védica, *athato brahma-jijnasa*" "Então, indaguemos sobre a realidade última".

Deliberadamente, procuramos identificar e aparar arestas, pensando na construção de pontes, especialmente entre a ciência e a religião, áreas onde nos sentimos um pouco mais confortáveis, se é que isso é possível.

As áreas do conhecimento se entrelaçam seguindo caminhos diversos, como nos casos, por exemplo, do estudo: das partículas/ondas da mecânica quântica; da consciência, especialmente nos seres humanos; ou da precisão necessária das constantes físicas universais, exigidas para que a vida e o mundo possam ser o que são e estar onde estão. Mais do que intuitivo, nos parece evidente que a ciência atual tem se aproximando dos conhecimentos sagrados das religiões monoteístas, especialmente dos Vedas antigos.

A mecânica quântica que vem questionando os limites do mundo microscópico foi o estopim para o surgimento do paradigma objetivo-subjetivo dentro do impessoal método científico, desafiando a objetividade do método e a subjetividade dos cientistas e levando muitos deles a buscar modelos e analogias nos antigos textos sagrados védicos que por seu caráter teísta personalista e universal, transcendem a metafísica provocada pela mecânica quântica, complementando-a harmonicamente.

Físicos de renome, como Eugene Wigner, laureado com o Prêmio Nobel de Física em 1963, aponta para essa aproximação e entrelaçamento entre os mundos material e o espiritual, dizendo "*O reconhecimento de que objetos físicos e valores espirituais possuem um tipo de realidade muito semelhante é o único ponto de vista conhecido que é conciliável com a mecânica quântica*". Amit Goswami, outro físico quântico, continuando a discussão décadas depois disse: "*Embora a mecânica quântica tenha substituído a mecânica clássica como teoria fundamental da física, muitos de seus estudiosos, condicionados pela antiga visão do mundo, acham difícil digerir as implicações metafísicas desta teoria. Alimentam a esperança de que, se forem ignorados, esses problemas desaparecerão. A maioria dos cientistas não quer fazer as embaraçosas perguntas metafísicas provocadas pela mecânica quântica*".

Uma perturbadora perspectiva que a física quântica apresenta ao materialista mundo científico é a possibilidade da realidade última e fundamental do mundo não ser mais uma matéria corpuscular objetiva, apesar desta se comportar de modo corpuscular. A consciência passa a ter papel fundamental na criação e manutenção do mundo físico e da vida, desde o nível subatômico. Esse ponto de vista da supremacia da consciência em relação à matéria é descrito em algumas filosofias ocidentais chamadas de idealistas, e também nas religiões monoteístas, tendo o seu maior expoente filosófico na religião védica, também conhecida como *Sanathana Dharma* ou religião eterna.

Thomas Huxley, em seus Escritos sobre Ciência e Religião, defendia uma completa independência entre ciência e religião, mas admitia a possibilidade de uma Consciência Suprema, dizendo. *"No meio a miríade de mundos, espalhados pelo espaço infinito pode haver inteligência maior que a do homem, e numa escala ascendente, pode-se atingir alguém praticamente onipresente, onipotente e onisciente. Se a inteligência do homem pode, em alguns assuntos, reproduzir indubitavelmente o passado de milhares de anos atrás e antecipar o futuro de milhares de anos adiante, é evidentemente possível que uma inteligência superior, seja capaz de retratar todo o passado e a totalidade do futuro".*

O desafio apresentado pela atual física provoca a ciência e a filosofia a parar de pensar e agir em termos exclusivamente materialistas e retomar uma perspectiva de integração com a espiritualidade inerente ao mundo e aos seres vivos. A recente estranheza surgida na ciência, ao constatar a forte interação existente entre a consciência e a matéria, indica um caminho de aproximação da ciência e da filosofia com uma religião universalizada, que busca uma aproximação com achamada Verdade Absoluta, que logicamente permeia todo o Universo.

No mesmo espírito mostrado pelos grandes cientistas e filósofos, os buscadores religiosos autênticos deixam de lado dogmas e ritos particulares e têm como meta última a união com a Consciência Suprema por meio busca pela Verdade Absoluta. Como muitos cientistas apontam, tal vivência e tal procura não podem mais ser desprezadas como tema indigno de pesquisa científica ou filosófica. *"A verdadeira religião enfatiza o conhecimento da natureza, da vida individual, do Ser Supremo, e da relação entre eles. E não os rituais, dogmas ou sectarismos"* (SINGH, 1988). A esse respeito, Mario Quintana diz de modo poético.

Os dogmas assustam como trovões
e que medo de errar a sequência de ritos!
Em compensação
Deus é mais simples do que as religiões.
(Dogma e ritual, 1994)

O conhecimento humano tem o dever histórico de avançar rumo a um mundo e a uma humanidade melhor. Isso é impossível, no nosso entendimento, sem uma maior integração entre ciência, religião e filosofia, que não têm as verdades absolutas, mas têm propósitos e métodos que contribuem para avançar na busca por essa verdade. Portanto, mãos à obra. Espero, com este livro bastante imperfeito e limitado, contribuir de alguma maneira na construção dessa ponte de integração entre esses campos de estudo, o que já seria, em si, a maior das recompensas.

Charles Townes que recebeu o Prêmio Nobel de Física em 1964 e o Prêmio Templeton em 2005, por contribuição a espiritualidade humana, coloca a questão nos seguintes termos. *"Eu acho que ciência e religião são mais similares do que em geral se crê; que são conhecimentos paralelos e conectados e ambas estão atentas para entender o Universo e a vida".*

Um grande desafio das futuras gerações é a *construção* de pontes entre a ciência e a religião. Só assim poderemos enfrentar com mais sabedoria e paz as crescentes crises internacionais, interculturais, nos alimentos, água, medicina, política, tecnologia e no meio ambiente, crises que seguramente o nosso futuro comum nos reserva.

1. 3 A ciência materialista

"Ser materialista, no sentido filosófico é uma posição metafísica. É simplesmente pensar que tudo é matéria, e, a partir daí, que não existe nem Deus imaterial, nem mundo puramente inteligível como acreditava Platão, nem alma imaterial ou independente do corpo. Ser materialista é, portanto, pensar que não sou nada além de um corpo, que é meu cérebro que pensa, enfim que não há outra vida além desta vida corporal que conhecemos." (André Comte-Sponville)

"Toda nossa poesia, filosofia, ciência, arte, tecnologia e religião devem servir para estender o alcance de nossa consciência em direção a Deus." (Rabindranath Tagore – Nobel de Literatura em 1913)

"Quando a alma humana adquire a riqueza de todas as ciências pela perfeição, então é que se abre a porta do mais sublime mistério da verdadeira ciência." (Bhaktivinoda Thakur)

"Os cientistas de outros tempos sabiam que a única finalidade da ciência era aliviar o sofrimento e tornar possível a construção do paraíso." (Rubens Alves)

"O espírito científico, poderosamente armado de seu método, não existe sem uma religião cósmica." (Albert Einstein)

"A natureza é casualmente aberta e, portanto, aberta à possibilidade de que Deus atue sobre ela sem ter de suspender nem violar as leis naturais." (John Polkinghorne)

"Nossas teorias científicas são, apenas modelos matemáticos nos quais correlacionamos nossas observações e tentamos pintar um quadro consistente." (Richard Thompson)

"A crença na primazia da causa e efeito é um dos dogmas centrais da visão ocidental de vida." (Carl Gustav Jung).

Para Lakatos e Marconi (1994), ciência é todo um conjunto de atitudes e atividades racionais, dirigidas ao sistemático conhecimento de fenômenos que se desejam estudar, capaz de ser submetido à verificação. Porém, quando se analisa melhor o assunto, descobre-se que essa ciência racional e verificável é uma idealização, como tentaremos mostrar ao longo deste livro.

Mais amplo, profundo e transcendente é o entendimento de Abraham Maslow sobre o que deveria ser ciência. *"Se há uma regra básica da ciência, ela é, na minha opinião, a aceitação da obrigação de reconhecer e descrever toda a realidade, tudo que existe, tudo que acontece...No seu melhor aspecto, a ciência é inteiramente aberta, nada exclui e não tem requisito de admissão"*, mas é claro que na prática, como atividade concreta, isto não é bem assim.

O físico Tomas Kuhn (1992), alerta que *"ser científico é entre outras coisas, ser objetivo e ter espírito aberto"* e Maslow complementa, *"Uma ciência ampliada deve considerar as verdades eternas, as verdades últimas, os valores finais, etc. Como fatores reais e naturais, problemas científicos legítimos que merecem pesquisa"*.

A atitude básica e fundamental da ciência é a busca das verdades relativas e para isso é necessário estar de olhos abertos para toda a realidade que é medida pelo alcance da consciência do observador. É necessário perceber o que está acontecendo no entorno, assim como o que está acontecendo no interior e no exterior do próprio observador, para se chegar a um ponto mais próximo possível da realidade. Capra (1986) alerta que *"A essência natural da realidade é muito similar tanto no caminho da moderna ciência como no da experiência religiosa, mas sua descrição depende muito da linguagem usada"*.

As últimas descobertas científicas sobre o mundo do muito pequeno e do muito grande e sobre os fenômenos conscientes exigem da ciência uma autocrítica, um olhar para si mesma, sobre suas práticas e convicções. A bem da verdade, a ciência não pode mais se autodenominar materialista. *"Atualmente, deixa-se de conceber a ciência em termos de um racionalismo restritivo e passa-se a compreendê-la no pleno significado genérico da palavra ciência, como saber, como a busca total do ser humano por conhecimento"* (PROGOFF, 1989).

Thomas Kuhn nos alerta sobre a maneira paradigmática com que a ciência vê e enquadra o mundo e Robert J. Russel (2003), aponta para a complementaridade com o paradigma religioso. *"Nosso mundo globalizado é indelevelmente marcado pela ciência e pela religião. Elas são onipresentes na sociedade humana; permeiam a existência humana e se interpenetram. A relação entre elas, em sua relevância histórica e dinâmica, serve para emoldurar e dar forma à vida humana, fornecendo as matérias-primas intelectuais com as quais elaboramos nossas lentes para examinar o mundo"*.

Os paradigmas, esses filtros a partir dos quais os cientistas montam suas teorias, são abandonados e substituídos de tempos em tempos conforme a tendência científica do momento. A adoção de paradigmas acaba sendo uma questão de preferência e comodidade para a comunidade científica que revela o espírito da época, mas a sua adoção por muito tempo atrapalha o avanço do conhecimento, criando política de interesses, nem sempre saudável ao verdadeiro espírito científico. No entanto, a busca pela verdade não pode ser comprometida por causa do tipo de modelo estrutural adotado. Se o paradigma adotado não serve mais, deve ser abandonado e substituido por outro mais adequado. Assim vemos o atual momento, de ruptura e abandono do paradigma materialista, determinista e focado no objeto, para a adoção de um paradigma de complementaridade entre a matéria e o espírito, o sujeito e o objeto. Mais adequado aos resultados experimentais e ao espírito da nossa época.

Como diz Queiroz (1995),

> É cada vez mais claro que o pensamento científico, envolto em seu paradigma dominante, assim como a realidade por ele desvendada, apresenta limites estreitos demais para conter a potencialidade humana. A ciência normal tende a existir como prisioneira de um determinado paradigma. Uma ciência de vanguarda exige ruptura, liberdade das amarras que a deturpam, redirecionando-se para aquilo que permita elevar as possibilidades próprias da condição de ser humano [...]

Ou como o psicólogo existencialista Rollo May lembra, *"uma ciência que usa determinado método e rejeita todas as outras formas de experiência humana que nele não se encaixam é defensiva e dogmática e, portanto, não é uma verdadeira ciência"*.

Nas ciências, o paradigma ateísta e materialista funcionou por um período de tempo, por outro lado, muitas vezes distorceu fatos, causou obstáculos ao avanço das teorias do conhecimento e fomentou posturas cruéis e insensíveis para com os seres vivos e o planeta, em nome de um pseudo racionalismo científico. Aspectos espirituais fundamentais da natureza do ser humano e do mundo foram desprezados, como não sendo objetos legítimos de pesquisa, pelo simples fato de não estarem alinhados com o discurso das teorias dominantes. Teorias que confrontavam essa visão materialista eram atacadas, muitas vezes de modo dogmático e, em alguns casos, com ataques sobre a pessoa do cientista, um modo de operar completamente contrário aos procedimentos éticos necessários a qualquer instrumento que procure a essência da verdade, como deve ser a autêntica ciência.

O abuso do uso dos paradigmas pode ser perigoso, o filósofo materialista Comte-Sponville (1999) alerta. *"Se renunciarmos a amar a verdade, então não seremos mais intelectuais dignos desse nome; seremos sofistas. Não seremos mais nem mesmo homens dignos desse nome; seremos brutos ou mentirosos".*

A verdade para a ciência é um ideal, um norte a ser seguido, uma meta a ser atingida, pois as verdades em si têm características transcendentais, fazem parte do divino, exaltando-o. Dessa maneira, a busca das verdades relativas pela ciência, é, em última análise, uma busca por ideais absolutos, por meio de um método ascendente de tentativa e erro que procura a superação das verdades parciais até então estabelecidas para se aproximar de uma verdade cada vez maior. Segundo a própria ciência, por este caminho as verdades absolutas são inatingíveis e talvez inexistentes. E assim, verdades absolutas são sistematicamente negadas e excluídas do corpo da ciência, uma vez que não podem ser provadas e não se sujeitam ao método.

O resultado dessa negação sistêmica do aspecto espiritual do mundo e dos seres humanos é a contradição e a confusão no discurso e na prática científica. *"A concepção científica que julgava poder dispensar Deus, tinha introduzido no seu mundo os atributos da divindade em suas teorias e explicações como: perfeição, ordem absoluta, imortalidade e eternidade"* (MORIN, 1990). Assim a ciência materialista, crítica dogmática das teorias transcendentais ou metafísicas, sustenta as suas principais teorias, tais como: a da origem do Universo, da vida, da humanidade e da consciência, em conceitos transcendentes. Apesar dessa grande contradição, despreza as demais teorias de conhecimento que usam o mesmo tipo de estrutura conceitual metafísica, como é o caso do conhecimento religioso.

Embora cobrindo todos os fatos, a verdade não é um mero agregado deles, ultrapassa a todos eles e aponta para um propósito e uma realidade infinita, como uma lei científica universal, uma Verdade Absoluta. No entanto, a ciência se nega a ver finalismos e transcendências nos fenômenos naturais, mesmo onde estes são um tanto quanto óbvios. Einstein em sua obra chamada: *Como vejo o mundo* (1930), alerta a comunidade científica sobre este ponto fundamental nos seguintes termos. *"A harmonia das leis da natureza, revelam uma inteligência tão superior que todos os pensamentos humanos e seus engenhos não podem desvendar dela senão uma parcela irrisória"* (EINSTEIN, 1930).

Pode-se argumentar como o filósofo ideólogo Proudhon: *"Todo princípio que, levado às suas últimas consequências, desemboca numa contradição, deve ser tido por falso e negado; e se este princípio tiver dado lugar a uma instituição, a própria instituição deve ser considerada como artificial, como uma utopia"* (PROUDHON, 1819). Desse ponto de vista, uma ciência contraditória que usa princípios metafísicos, mas que os nega em outras instituições, como é o caso da ciência materialista, deve ser considerada falsa e precisa ser negada, pois não representa o caminho para a realidade mas para uma utopia.

Santos (1988) atualiza a questão e a apresenta da seguinte maneira, para ele, *"o modelo que preside a ciência moderna – constituído a partir da revolução científica do século XVI – é global, totalitário e nega o caráter científico a todas as formas de conhecimento que não se pautam pelos seus princípios epistemológicos e por suas regras metodológicas".* E Thoudhan Singh (2013) nos alerta: *"A maioria dos cientistas modernos acredita que leis físicas cegas e leis do acaso governam o cosmo. Dizem que não existe um projetista, um criador, um Deus, nenhuma inteligência por trás de todo o fenômeno cósmico e tentam reduzir tudo às interações entre átomos e moléculas, tópicos de estudo familiares à física e a química".*

1. 4 É possível uma ciência espiritualizada?

"Hoje em dia, os dados concretos apontam de maneira sólida, em direção a hipótese de um Deus." (Harold Glynn)

"Em um Universo mecanicista e fechado, movido pela causalidade de fenômenos previsíveis, é possível rejeitar a figura de Deus. Mas num Universo não-cartesiano, aberto e imprevisível, funcionando conforme a teoria do Caos, a figura de Deus não entra em conflito com os pressupostos científicos, pelo contrário, torna-se cada vez mais necessária." (Eliane Azevêdo)

"Nas últimas décadas, as relações entre ciência e religião passaram a merecer atenção especial de cientistas, teólogos e filósofos. Estudos confluentes sobre ciência e religião estão se constituindo em área de produção de conhecimentos com linhas de pesquisa em instituições especializada." (Eliane Azevêdo)

Apesar da contradição inerente ao sistema científico materialista, por conta da origem metafísica de suas premissas fundantes, a busca pela verdade permanece como o principal objetivo da ciência e da filosofia e num certo sentido, também da religião. No entanto, como as ciências, as filosofias e as religiões buscam as verdades pontuais de maneira independente, por caminhos e métodos diferentes, chegam também a verdades relativas diferentes, dialéticas e muitas vezes contraditórias. Então vem a pergunta, existiria uma

Verdade Absoluta? Uma verdade última? Uma verdade que possa reunir essas múltiplas verdades relativas de uma maneira harmoniosa e inequívoca? A fé humana diz que sim. Mas o que está faltando nas análises e métodos racionais que nos permita avançar neste caminho? Ou será que é um caminho ilusório, no qual não vale a pena gastar esforços, por ser uma espécie de miragem para o conhecimento humano?

Além dos religiosos, muitos filósofos e cientistas trabalharam nessa questão, chegando a proposições que apontavam para essa ideia da unificação. Na antiguidade, Pitágoras dizia que tudo são números e a harmonia das esferas celestes era defendida por Platão. Na modernidade, Einstein e Hawking procuravam uma teoria do campo unificado.

A ideia de uma teoria do Tudo só seria possível, se forem superadas as imensas dificuldades não só na física, unir a teoria quântica com a relatividade geral, mas também superar dicotomias nos demais campos do conhecimento e integrar tudo no final. Na filosofia os problemas do sujeito-objeto, matéria-espirito, absoluto e relativo. Na religião a integração da fé com a razão e também as várias visões que levam ao Todo por diferentes caminhos. Uma teoria do absoluto precisaria de uma metodologia para atingir a Verdade Absoluta e realizar a Consciência de Deus. Mas uma teoria neste sentido nos parece impossível devido a vários fatores, entre eles a limitação das linguagens humanas, mas a principal questão é que Deus não se deixa prender desta forma. Profundos são os mistérios da fé.

No nosso entendimento, o que falta nas teorias de conhecimento para que possamos ter efetivamente um mundo racional, com coerência do micro ao macrocosmo, na existência da matéria, na origem da vida e do homem, na consciência, integrando o tempo e a liberdade no sistema universal, é a figura de Deus. Posição análoga à defendida por Isaac Newton, fundador da Física Clássica, que declarou. *"Toda a diversidade das coisas criadas, cada uma em seu lugar e tempo, só poderia ter surgido das ideias e da vontade de um ser necessariamente existente"*. Ou, como afirma J. Russell, *"Deus é criador, ator na história e na natureza, Ele não rompe as leis da natureza, mas atua por meio delas para redimir o homem"*. Assim, a ciência atual precisa voltar a considerar seriamente a questão do fenômeno divino, caso queira continuar tendo aderência com a realidade como a entendemos hoje. Morin (1986), indica o estado de espírito necessário para realizar tal busca *"a verdadeira racionalidade dialoga com o não racionalizável, com a incerteza, com o imprevisível, com a desordem, em vez de querer anulá-los"*.

É com esse objetivo que escrevemos e defendemos nossas ideias neste livro, que também fazem parte de um paradigma, o de que Deus existe e, com Ele, tudo o mais faz sentido. E mais, que precisamos aprender a dialogar com o fenômeno divino dentro da ciência e da filosofia, para com Ele nos relacionarmos constante e intensamente rumo à liberdade plena. Não a liberdade de escolher qual roupa ou carro usar ou comprar, mas a liberdade para amar a tudo e a todos por meio d'Ele, que num certo sentido é tudo e todos. Esse caminho de integração sempre esteve disponível, mas precisa ser construído o tempo todo. Para essa construção sublime e essencial é imprescindível a ajuda das religiões, das ciências, das filosofias e das tecnologias, tudo o mais é supérfluo. Hridayananda (1984), comentando esse ponto declarou:

> Apesar de todo o avanço tecnológico e cultural, os problemas apresentados pelos primeiros filósofos ocidentais como Sócrates nunca foram bem resolvidos ou respondidos. O estabelecimento de uma ciência de valores absolutos e até hoje não existe uma verdadeira ciência de valores. Vivemos numa sociedade sem uma autoridade absoluta, sem padrões, sem conduta nem direção, sem um caráter objetivo de bem ou mal.

Para George Wald, *"A ciência é uma atividade quase religiosa, na mais ampla acepção da palavra, na sua tentativa de compreender a realidade"*. Com efeito, os primeiros cientistas, como Descartes, Bacon, Galileu, Newton, Boyle, Cavendish, eram extremamente religiosos. Tinham fé que ao revelar as leis da ciência estavam descobrindo como a mente de Deus operava. Concepção semelhante à declarada por Einstein de que *"O sentimento profundo de uma razão superior, desvendando-se no mundo da experiência, traduz para mim a ideia de Deus"*. Todo o esforço errático feito pela ciência até agora, nos parece esta tentativa de estabelecer uma ciência dos valores absolutos, de se aproximar da Razão Superior através de verdades cada vez maiores. Em palavras bíblicas, é o grande desafio da humanidade pós queda do paraíso.

Infelizmente, hoje damos mais ênfase ao lado dogmático e preconceituoso de muitas pseudo "religiões e ciências", praticadas geralmente de forma inescrupulosa, especialmente por seus líderes. É comum usar o nome ciência levianamente para justificar posturas dogmáticas contrárias tanto ao verdadeiro sentido da ciência como da própria vida. Existem inúmeros casos de abusos em nome da ciência para justificar uso indevido de cigarros, agrotóxicos, fármacos, armas, transgênicos, entre outros. Einstein declarou a respeito de muitos de seus colegas cientistas: *"Um homem de ciência não é aquele que sabe simplesmente manejar instrumentos e métodos julgados científicos, mas aqueles cujo espírito se revela verdadeiramente científico"*.

Uma conclusão a que a ciência atual está chegando, após muita tentativa e erro e muitas teorias propostas e depois refutadas, é a de que o Universo é matematicamente inconsistente sem a existência de Deus, a Consciência Suprema.

Devido à ausência de Deus, há a ausência da moralidade e de um caráter objetivo do bem e do mal. Somando a isso a maneira como a ciência utilitarista e a tecnologia são produzidas e distribuídas, temos um conjunto temerário que pode facilmente transformar a ciência e a tecnologia em ferramentas de dominação e exploração, capaz de aproximar perigosamente a humanidade de seu fim. A respeito disso, Thoudhan Singh (1988) declara: *"Precisamos urgente e seriamente da atenção dos cientistas, filósofos, educadores, líderes sociais e de todas as pessoas, para iniciarmos uma nova frente de batalha e revertermos este mundo perverso, armados de consciência livre, valores espirituais e amor no coração. Um dos mitos a serem desfeitos é o de que os valores espirituais não podem ser úteis à ciência e o método científico não pode ser empregado em questões espirituais"*.

Glynn argumenta que durante algum tempo acreditou-se que a ciência invalidou as crenças religiosas. As crenças e práticas religiosas eram vistas no ocidente como sendo uma manifestação intelectual infantilizada e sem consistência. Hoje, no entanto, está acontecendo um redescobrimento do espiritual no mundo, fundamentado em uma série de evidências, teorias e questionamentos que abalam a antiga estrutura ateísta da ciência, tais como:

- O princípio antrópico de Carter na Astrofísica (1974).

- O retorno das questões teleológicas ou finalistas na biologia, como a programação genética. Afinal, quem seria o programador?

- Não só a matéria, mas também a consciência passa a ser considerada aspecto fundamental do Universo físico. Seria o Universo autoconsciente?

- O princípio da incerteza de Heisemberg com a dualidade partícula/onda.

- O fim do mito dos genes. Dados vindos do projeto genoma humano, desmontam a teoria de que os genes são os responsáveis pela complexidade dos seres humanos.

- Seria a vida ou a matéria a fonte da consciência?

- O que nos dizem as experiências no limiar da morte?

- O grande número de evidências arqueológicas anômalas invalidam a teoria do surgimento do homem há apenas 100 mil anos, a partir da evolução de símios?

- Questões de cura e saúde humana.

2

CONHECIMENTO MATERIALISTA EM XEQUE? A NECESSIDADE DE UMA APROXIMAÇÃO ENTRE A CIÊNCIA E A RELIGIÃO

"Gostaria de insistir no fato de que estamos só no início da ciência." (Ilia Prigogine)

"Muitos pensadores na atualidade dizem que o conhecimento científico se parece mais com um sistema de crenças, com relações duvidosas com a realidade." (Devamrita Swami)

"A ordem superimplícita é o que está implícito na teoria do campo da mecânica quântica." (David Bohn)

"Existem coisas que a ciência jamais conhecerá." (Augusto Comte)

"A ciência é necessária, mas não suficiente, no estabelecimento da visão de mundo de uma pessoa." (Erwing Schrödinger)

"A casualidade criando ordem é uma questão infundada, expressa pouco mais que uma preferência, a priori, metafísica por um cosmo sem Deus." (Paul Davies)

"Hoje, muitos físicos sustentam que, diante das experiências, a lei da causalidade muitas vezes falha." (Paul Davies)

"Áreas de experiência espiritual e religiosa parecem ser parte intrínseca da personalidade humana, independente do ambiente e da programação cultural e religiosa que a pessoa venha a ter." (Stanislav Grof)

Morais (1988) nos alerta para o espírito racionalista, pragmático e utilitarista de nossa época, dizendo. *"Todo o mundo ocidental vive um processo impactante, que procura oferecer aos antigos mistérios, explicações oriundas do racionalismo materialista da ciência. E também busca subjugar cada vez mais as forças da natureza, pondo-as a serviço da humanidade"*. Com essa atitude de subjugação da natureza, não é possível acessar e muito menos explicar os seus mistérios mais íntimos. O racionalismo materialista científico é uma ferramenta limitada e, quando mal-usada, em vez de benefícios pode causar grandes problemas e misérias à humanidade, com graves consequências a todos. A partir do século

XIX basear-se apenas na razão mostrou-se um guia imperfeito para teorizar sobre as verdades finais do mundo físico, uma vez que os métodos racionalistas desprezam quaisquer tipos de verdades finais sobre qualquer coisa, seja o Universo ou a vida humana.

No *Discurso do método* (1637), Descartes reformulou toda a estrutura do conhecimento ocidental da época, apresentando os fundamentos metodológicos para a ciência moderna. A ideia central do Método foi resultado de um paradoxo. Três sonhos e um dentro do outro forneceram a Descartes a chave para interpretar o sonho maior. *"É uma grande ironia o fato de que toda a formação da ciência racional, reducionista e positivista, que até hoje rejeita o conhecimento subjetivo, tenha sido originalmente inspirada por uma revelação à consciência do autor"* (GROF, 1999). Essa via de conhecimento irracional também é apontada por Glynn (1999), *"De fato, os maiores progressos da ciência, com frequência, parecem surgir de saltos intuitivos".*

O processo de aquisição de conhecimento pelo ser humano é sujeito ao erro e apresenta uma série de dificuldades limitantes. Esse tema é amplamente analisado nas teorias do conhecimento e também na literatura védica que elenca e explica algumas dessas limitações naturais:

- Capacidade limitada do homem de realizar e interpretar experiências.

- Condição das pessoas estarem constantemente iludidas.

- Tendência humana de enganar os outros e a si próprio.

- Tendência a cometer erros.

- Imperfeição dos sentidos, dos instrumentos, da capacidade de argumentação e pensamento. Por exemplo, como a mente finita pode compreender o infinito?

- Incapacidade do homem racional moderno de pensar paradoxalmente.

- Limites de validade dos métodos ascendentes como o método científico.

- Questão da inteligibilidade, ou seja, a incapacidade de formular em palavras ou pensamentos, questões muito complexas. A expressão da linguagem precede geralmente a formulação matemática. Existem, porém, ideias impossíveis de serem formuladas em termos linguísticos e também matemáticos.

- Validade da linguagem matemática. Até que ponto a matemática pode descrever a realidade?

A tipologia lógica foi inventada por dois matemáticos, Bertrand Russel e Alfred Whitehead, para manter a lógica pura. No entanto, Kurt Gödel, em seu Teorema da Incompletude, provou que qualquer tentativa de produzir um sistema matemático sem paradoxos está fadada ao insucesso se esse sistema for razoavelmente complexo, pois os sistemas complexos permanecerão incompletos e sempre se poderá encontrar neles afirmações que não se consegue provar. O mesmo acontece com a ciência como um todo, pois é comum acreditar-se que o que é científico pode ser escrito claramente em termos matemáticos, ideia combatida por Gödel para quem a complexidade e a incompletude dos seres viventes têm que estar presente também no material do qual eles são derivados e nas leis que governam sua formação.

Além dessas limitações naturais no processo de aquisição de conhecimento, o filósofo Francisco Ayala diz que existem três tipos de reducionismo operando na ciência, aos quais a teóloga Nancey Murphy acrescenta outros dois, os dois últimos da lista. Esses reducionismos limitam a possibilidade de a ciência avaliar e teorizar sobre sistemas complexos, tais como a consciência, o ser humano e a vida, e entre esses fenômenos, o de maior amplitude, magnitude e complexidade é, sem dúvida, o fenômeno divino. São estes reducionismos:

1. O reducionismo metodológico. Reduz o estudo do todo em termos de suas partes, minimizando o conjunto. Neste tipo de reducionismo são extrapoladas teorias bem-sucedidas em uma área específica para outras áreas de aplicação ou contextos maiores.

2. O reducionismo epistemológico. Neste tipo os cientistas afirmam que processos, propriedades, leis ou teorias, em níveis superiores de complexidade, podem ser derivados inteiramente a partir da validade destes em níveis inferiores.

3. O reducionismo ontológico. Afirma que seres de níveis superiores, nada mais são que organizações complexas de entidades mais simples.

4. O reducionismo causal. É a adoção do entendimento que todas as causas de um fenômeno ocorrem no sentido de baixo para cima de forma ascendente.

5. O materialismo redutivo. Insiste em dizer que apenas entidades de nível inferior são reais, pois são as que podem ser reduzidas.

Sobre a limitação do processo de conhecimento, o poeta escreve:

O saber humano é mão aflita
tentando guardar o oceano

Apanha, quando muito um punhado,
que fatalmente lhe vazará por entre os dedos.
(Chico Guil)

O ser humano dispõe de um aparelho sensitivo que pode ser auxiliado por uma parafernália de instrumentos de medição e cálculo que ampliam sua capacidade de obter informações e conhecimentos. Usando essas ferramentas junto a sua mente e inteligência, os cientistas buscam a verdade às apalpadelas. Jung declarou sobre esse processo.

> O homem, nunca percebe plenamente uma coisa ou a entende por completo. Ele pode ver, ouvir, tocar e provar, mas tudo depende do número e da capacidade de seus sentidos. Os sentidos do homem limitam a percepção que este tem do mundo à sua volta. Os instrumentos científicos podem compensar a deficiência dos sentidos, mas há um limite em que o conhecimento consciente não pode transpor. (JUNG; PAULI, 1955).

O ser científico cria teorias, muitas delas metafísicas, e tenta prová-las. No entanto essas construções teóricas estão longe de representar efetivamente a realidade como ela é. As construções experimentais, tão enaltecidas pela metodologia científica, são balizamentos para as apalpadelas, segundo as quais a ciência avança. A esse respeito o matemático Kurt Gödel afirma *"Eu não acredito na ciência empírica. Eu só acredito em uma verdade a priori"* (GÖDEL, 1986).

Mas se a base científica usa reducionismos e questões de fé obscuras para sua sustentação, especialmente nas questões de grande complexidade, então é legítimo propor a substituição dessa fé questionável por uma fé mais natural, desenvolvida e historicamente referenciada, como a apresentada nos antigos Vedas sagrados. Esses textos são as fontes mais antigas que se conhece, da teoria de manifestação/imanifestação cíclica, da teoria vitalista, que voltam agora como um "novo" impulso na ciência alternativa pós-moderna e da filosofia do absoluto. Essa literatura revelada pode apresentar possíveis fundamentos para uma ciência dialética espiritual-material e base filosófica para uma teoria do Tudo, como tentaremos mostrar neste livro.

A ciência é uma instituição universal, fundada no Ocidente, traz fortemente enraizada em si a maneira ocidental de adquirir conhecimento. Neste processo ocorreram diversos traumas, entre eles um rompimento litigioso com a visão religiosa cristã. Mas, segundo os vedas, ciência e religião são aspectos diferentes de uma Religião Cósmica Universal Eterna. No capítulo VI, do *Bhagavad Gita* "A canção do Supremo", o aspecto científico desta religião é chamado de *Dhyana Yoga*, ou a religação com o divino por meio do conhecimento.

Galileu Galilei, em suas cartas de defesa à Santa Inquisição, chega a uma conclusão análoga ao *Gita* sobre uma religião universal, quando apresenta a natureza como também sendo um livro sagrado escrito por Deus, usando leis físicas e matemáticas, que cabe à humanidade descobrir e interpretar. Galileu, ao se comportar como bom cientista, estava automaticamente sendo um bom religioso nos termos mais essenciais dessas palavras.

A humanidade tem seu berço no Oriente e necessita conhecer a fundo as experiências e realizações do sagrado e do conhecimento humano oriundos dessa região do globo. Por meio do outro, podemos ver melhor a nós mesmos. A civilização grega antiga foi nutrida dentro das muralhas da cidade, o que deixou marca profunda na mente dos homens e no Ocidente como um todo. Daí vem a política, a arte de obter poder e espaço dentro da cidade, a pólis, um jogo de forças no qual quem pode mais chora menos. No Oriente, especialmente na Índia, a civilização nasceu nas florestas e campos abertos, rodeada pela vida e pela natureza, dando uma direção particular à consciência dos homens, com menor intenção de adquirir, mas de compreender e integrar.

No Ocidente temos orgulho de imaginar que estamos subjugando a natureza e a ciência tradicional, a tecnologia e o modo de produção derivada delas são basicamente ferramentas para este fim. Na Índia védica a ênfase estava fortemente ancorada na espiritualidade, na harmonia e na integração entre o indivíduo, Deus e o Universo, os ecos destes tempos ainda ressoam e no Oriente, diferentemente do Ocidente, preserva-se um holismo que nunca foi perdido totalmente, mesmo com o avanço do materialismo industrialista moderno.

De modo geral, no Ocidente o homem busca o conhecimento como fonte de poder e superação dos sofrimentos, enquanto no Oriente existia uma maior busca pela autorrealização e integração com a natureza. Assim, se é necessário iniciar teorias científicas com questões de fé, como ocorre nas principais teorias materialistas, é muito mais racional fundamentar essa fé numa a Suprema Razão e em uma religião cósmica e universal, repousada na união, na harmonia e comprometida milenarmente com a verdade.

Bizzocchi (2001) nos diz que *"na verdade, o mundo real só pode ser pensado por nós depois de ser interpretado em termos de uma cultura. Depois de ser traduzido em alguma linguagem humana. O real é filtrado primeiro pelos nossos sentidos e depois pela nossa cultura".* A cultura devocional vaishnava ou krishnaista ajuda pensar o mundo real pela sua sublime linguagem poética-filosófica-religiosa. A cultura do amor a Deus, representada por essa milenar religião personalista e monoteísta surgida na Índia, conhecida como vaishnavismo, ou Movimento Hare Krishna no Ocidente, contribui para a divulgação da maneira holística e integrada de interpretar o real, a humanidade, o mundo e Deus.

Por ser uma filosofia religiosa voltada à essência da religião ou *Sanathana Dharma*, por usar ferramentas e métodos espirituais simples, por apresentar um conhecimento espiritual, filosófico e científico muito profundo, por ser baseada em literatura revelada que passou pelo crivo do tempo e da história, por todo este conjunto de características essa filosofia religiosa tem inestimável valor para a humanidade na busca pela realização de seus valores mais nobres e sublimes.

Assim, a perspectiva vaishnava de analisar e perceber Deus, o mundo e o ser humano, constitui uma preciosa e poderosa ferramenta para ponderar sobre as questões espirituais, transcender o nível do ego e atingir estados mais elevados de autorrealização. Daí a importância em entender melhor esta cultura teísta de amor a Deus, de realização da Consciência de Krishna, verificando com mente aberta, as convergências, divergências e possibilidades de diálogo com a ciência, a filosofia e com outros caminhos devocionais.

São várias as vantagens da aproximação da ciência com a tradição religiosa vaishnava, citando algumas: o histórico da mais antiga religião monoteísta do planeta, a fantástica cosmologia védica, a importância dada ao conhecimento como processo de união com o divino, a ausência de instituições engessadas

DEUS E CIÊNCIA

que monopolizam o diálogo entre o humano com o divino, a ênfase dada a responsabilidade individual de desenvolvimento do relacionamento com o divino, a não participação no cisma do conhecimento entre a religião e a ciência ocorrida no Ocidente, a apresentação revelada de uma religião cósmica e universal altamente sofisticada, a primazia da consciência sobre a matéria, a visão de mundo holística, entre outros.

Meu mestre espiritual, Purushatraya Swami, no prólogo do livro *Divina Sucessão*, de Rupa Vilasa dasa, 2003, diz que:

> A história do mundo nos mostra que todas as grandes culturas e tradições que sobreviveram ao tempo possuíam práticas religiosas e conhecimentos sobre a transcendência. Todas cultivavam, em maior ou menor grau, conhecimento revelado sobre Deus, registrados em escrituras sagradas. Isso nos leva a crer que o Senhor Supremo sempre está suprindo a humanidade com revelações divinas, ajustadas a cada tradição e cultura em particular. Deus zela pela humanidade e, portanto, o caminho natural para a humanidade é evoluir a níveis cada vez mais elevados de consciência espiritual procurando chegar até a santidade.
>
> Dentre as grandes culturas do planeta, a cultura védica da Índia milenar é a que possui o maior acervo de escrituras reveladas. Nenhuma outra fonte escritural é tão pródiga em informações sobre a transcendência quanto as escrituras védicas. Em centenas de livros, uma verdadeira ciência de Deus nos é fornecida. Tanto o aspecto imanente quanto o transcendente de Deus, em sua inconcebível multiplicidade de aspectos, é minuciosamente e extensamente revelada e analisada. A cosmogênese, ontologia, metafísica, teleologia, escatologia, a estrutura do Universo, os ciclos cósmicos, os valores éticos absolutos, as relações homem-mundo-Deus, o milagre da vida, as ilimitadas possibilidades da consciência, a dinâmica da natureza, enfim, tudo o que pode se chamar de "Conhecimento" com C maiúsculo, está presente nas escrituras védicas.
>
> Podemos, portanto, afirmar, sem falso ufanismo, que a Consciência de Krishna é a mais rica e fértil tradição de espiritualidade no planeta e isso é corroborado pelo fato de que a devoção a Deus, que constitui a essência da religião, estar fundamentada em sólida e profícua base filosófica. Religião autêntica oferece a dádiva da comunhão amorosa com Deus, enquanto que a filosofia nos dá a visão nítida e

clara da realidade e define, com objetividade, a finalidade da vida. Portanto, esses dois elementos, religião e filosofia, devem sempre caminhar lado a lado, como os trilhos de um trem. (PURUSHATRAYA, 2003).

A ciência teve muito de sua origem na religião. Após a ruptura histórica entre as instituições, a ciência tornou-se cada vez mais materialista, chegando ao ponto de arrogar-se ateísta e completamente independente do conhecimento religioso. Pode-se pressupor que a estrutura do conhecimento ocidental científico recente é materialista justamente por ter rompido com a religião, não tanto com uma religião cósmica, universal e impersonalista como aquela a que se referia Einstein, mas especialmente com a secularizada religião cristã, por esta ter se tornado em alguns momentos institucionalizada, dogmática, imperialista, fundamentalista e hereditária. Uma estrutura de poder que foi chamada de ópio do povo por Marx, que não era efetivamente a verdadeira Igreja de Cristo, mas sua representação burocrática.

O rompimento da ciência com a instituição igreja cristã foi necessário e natural, movimento histórico para a independência e o crescimento do nascente movimento científico. Mas agora a visão de mundo materialista parece ter chegado ao seu limite, trazendo contradições e dificuldades teóricas para os cientistas materialistas e parece que ciência, filosofia e religião estão novamente se aproximando.

As principais teorias científicas materialistas baseiam-se em duas hipóteses metafísicas fundamentais de surgimento, do mundo e dos seres vivos:

- O mundo foi criado do nada. É a velha teoria judaico/cristã da criação *ex-nihilo*, que o filósofo Emanuele Severino considera como sendo a fonte da loucura filosófica ocidental. A teoria científica moderna mais aceita é de uma explosão colossal chamada Big Bang, a partir da qual o Universo passa a se expandir até o tempo atual. Um Universo que vai se arranjando de modo caótico, aleatório e mecanicista, mas contraditório em si mesmo, uma vez que o aleatório tende a não ser organicamente funcional.

- A vida teve sua origem na matéria inanimada. É a velha teoria da geração espontânea. E a partir daí, pela evolução biológica chegamos aos seres complexos.

Esses temas serão discutidos com calma nos capítulos seguintes, mas vale a pena notar que as duas hipóteses de surgimento encontradas na ciência moderna têm uma forte semelhança com as proposições bíblicas, das quais foi eliminada, porém, a intervenção divina. Vemos que a tal ruptura com as proposições religiosas não foi tão grande assim.

As hipóteses científicas fundamentais, que vão compor as principais teorias materialistas de explicação do mundo, não conseguem passar ilesas por uma análise criteriosa por meio do método científico. A rigor essas hipóteses iniciais não poderiam ser admitidas como científicas por serem metafísicas e, antes de tudo, questões de fé, constituindo verdadeiros dogmas da ciência materialista.

Francis Bacon dizia, *"todos os sistemas aceitos não passam de peças teatrais que representam mundos de sua própria criação, assim muitos princípios e axiomas da ciência por tradição, credulidade e negligência, tornaram-se consagrados"*. Quatro séculos depois, o biólogo Albert Szent Gyorgyi, ganhador do Prêmio Nobel de Medicina em 1937, declara: *"A ciência é, simplesmente, um conjunto mágico de regras e atitudes que funcionam num determinado contexto limitado da experiência"*.

Além de não ser possível comprovaras principais teorias materialistas, existe o importante ponto da postura unilateral e dogmática, viciada por uma espécie de obsessão inquisitorial de muitos cientistas e do próprio corpo social da ciência. Devido ao pré-conceito e a um comodismo metodológico, a maioria dos cientistas continua, de forma absurda, negando a outra hipótese científica, racional e coerente, que é: Deus existe, manifestou o mundo e o mantém; é o Todo harmônico, origem da vida, fonte de onde Tudo emana e substrato de Tudo que há. Pode-se argumentar que a hipótese Deus não é científica, pois, não pode ser comprovada, sendo infalseável, mas é preciso lembrar que as metafísicas hipóteses materialistas de surgimento, são um blefe e também não podem ser comprovadas. Assim a ciência precisa deixar de se arrogar exclusivamente materialista, revendo seus métodos e valores, para não se tornar mais unilateral e tendenciosa do que já foi e evitar a perigosa unilateralidade que pode causar danos irreparáveis ao futuro próximo da humanidade.

As consequências da unilateralidade científica são enormes. Uma vez que a sociedade moderna tem uma grande fé na ciência, esta acabou se tornando a "religião" oficial do mundo moderno materialista. Assim, a ciência e a tecnologia materialistas acabam determinando os valores, pressupostos e objetivos de uma pervertida sociedade pós-contemporânea. Nesses moldes, a sociedade estimula seus membros a competir continuamente, manipular e controlar o meio ambiente usando e abusando da tecnologia, tendo como meta a satisfação de falsas necessidades e desejos ilusórios, num círculo de consumismo vicioso. Porém, *"uma análise desta sociedade do ponto de vista político, sociológico, psicológico, estético, econômico ou ecológico, mostra que a busca pelo domínio da natureza e dos seres vivos pelo homem tem se mostrado um desastre para a raça humana e para todo o planeta"* (WEBB, 1985). E grande parte dessa responsabilidade é da ciência, ao assumir uma postura filosófica e política perigosamente tendenciosa, ateísta e niilista. Mas como argumenta Glynn (1999), sobre a arrogância materialista. *"A morte de Deus, tinha sido baseada numa interpretação errônea fundamental da natureza do Universo, em uma imagem muito parcial e inválida que a ciência havia proposto no século XIX. O Universo materialista aleatório".*

A exclusão preconceituosa de Deus da ciência e também da filosofia, e o engessamento de Deus dentro de instituições religiosas muitas vezes dogmáticas e enganadoras, têm levado a humanidade e o planeta à beira do abismo. É como um cego, "a ciência materialista", guiando outro cego, "a humanidade materialista". Qualquer pessoa verdadeiramente inteligente não deve esperar menos que um desastre como resultado dessa combinação.

Defendemos a hipótese de que a reintrodução da Suprema Personalidade de Deus na ciência, mais do que viável, é necessária e urgente. Por outro lado, sua exclusão por motivos de preconceito metodológico, afronta o verdadeiro espírito científico.

2. 1 Sobre o Big Bang e outras teorias de surgimento do Universo

"Quanto mais os físicos aprenderam sobre o Universo, mais ele se assemelha a um trabalho de planejamento" (Patryck Glynn)

"Em função das observações astronômicas, chegamos a conclusão de que não conhecemos quase nada sobre os constituintes do Universo: apenas cerca de 5% do conteúdo do cosmo é formado de matéria que conhecemos aqui na Terra. Os outros 95% são um verdadeiro enigma para nós" (Abdalla e Neto)

A principal teoria da ciência materialista acredita que o tempo e o Universo apareceram após um descomunal evento explosivo chamado Big Bang. Essa teoria diz, basicamente, que há cerca de 13, 7 bilhões de anos, num evento singular em que o infinito (massa e energia) coincidia com o nada pontual (tempo e espaço), o Universo teria surgido desse nada pleno. É uma hipótese metafísica, profícua, mas não comprovável, que exige muita fé, mas que é consenso na maior parte do corpo científico atual. Em um certo sentido, esta hipótese se parece com a explicação metafísica judaico/cristã para a criação do Universo *ex-nihilo*, a partir do nada, evidentemente, um ato de fé legítimo para tradições religiosas, mas estranho para a ciência. Mesmo essas tradições religiosas têm problemas para explicar algo sobre o que fazia Deus, então, no nada?

Cientistas, como Hawking e outros, continuando a explicação da teoria do Big Bang, dizem que derivadas de uma súbita flutuação no espaço, com variações nos campos elétricos (assumidos como preexistentes?), provavelmente as primeiras partículas se materializaram, num processo de colapso das ondas energéticas (mas sem a presença de um observador, como parece exigir atualmente a mecânica quântica). Assim, a gravidade negativa expulsou as partículas, o Big Bang entrou em um novo ritmo, o Universo se expandiu e continua expandindo até agora e a energia se condensou na forma de matéria e vice-versa. Durante os bilhões de anos de expansão, o Universo evoluiu e se organizou (ao contrário do que propõe a termodinâmica) formando nuvens de partículas, galáxias, estrelas e planetas, bem como a própria vida, culminando com os seres conscientes de si mesmos e do mundo a sua volta.

Essa manifestação material expansiva é uma noção muito antiga já descrita nos Vedas, como a exalação da respiração da forma universal de Maha Vishnu, de Quem emanam infinitos Universos paralelos, mas o surgimento de tudo a partir do nada é algo que não pode ser simplesmente aceito sem ferir as regras do racionalismo filosófico. Segundo os Vedas, a matéria, os campos e a vida nunca deixaram de existir, apenas estavam não manifestos dentro do corpo universal de Deus, aparecendo e desaparecendo num processo cíclico infinito. No entanto, toda a estrutura organizacional evolutiva estava preservada antes e permanece preservada também após a singularidade final do ciclo universal, no corpo universal divino.

A hipótese de mundos múltiplos é cientificamente profícua, matematicamente coerente e não torna inviável a ideia de Deus, pelo contrário, reforça a natureza inconcebível da Suprema personalidade de Krishna, apesar de tirar a força da imagem antropomorfizada de Javé da tradição bíblica.

Atualmente, algumas teorias cosmológicas também apontam para um processo cíclico propondo que o nosso Universo atual seria o resultado de um rebote em outros Universos já existentes. Os físicos Paul Steinhardt e Neil Turok (2002), propõem uma teoria física do Universo Cíclico, de eterna geração e regeneração dos Universos materiais, com forte analogia com a proposta védica, para esses autores.

> O Universo passa por uma sequência interminável de épocas cósmicas que começam com um estrondo e terminam com um colapso. A temperatura e a densidade na transição permanecem finitas. Em vez de ter uma época inflacionária, cada ciclo inclui um período de expansão acelerada (como observado recentemente) seguido de contração que produz

a homogeneidade, planicidade e energia necessárias para iniciar o próximo ciclo.

Bogdanov (1991), comentando sobre a teoria do Big Bang, diz:

> A principal teoria cosmológica moderna afirma que o Universo nasceu de uma gigantesca explosão que provocou a expansão da matéria, explosão ainda observável nos dias de hoje. Pelo afastamento das galáxias pode-se medir a velocidade e deduzir o momento em que estas se encontravam em um único ponto. Este ponto continha teoricamente todo o Universo, numa esfera de 10^{-33}cm, bilhões e bilhões de vezes menor que um núcleo atômico que é de 10^{-13}cm. Segundo a teoria a temperatura era de 10^{32} graus (o limite teórico de temperatura) e nesta época os eventos se precipitaram num ritmo alucinante, pois em bilionésimos de segundo aconteceram mais coisas (de maneira extremamente organizada) que nos bilhões de anos que se seguiram. Em alguns segundos a (tapeçaria cósmica) das origens teria gerado tudo o que conhecemos hoje. Ao nos aproximarmos dos primórdios do Universo, o tempo parece esticar, dilatar-se e se tornar infinito.

Sobre essa teoria, várias questões foram levantadas; por exemplo, pelo filósofo Guitton, em seus trabalhos. *"Como alguém pode conhecer o que está além do próprio tempo? A física não tem a menor ideia de como explicar o aparecimento do Universo. Além de 10^{-43}s, o chamado tempo de Planck, esconde-se para a ciência uma realidade inimaginável".*

De onde vem a colossal quantidade de energia necessária para ocorrer o Big Bang? O que é essa fonte primordial de energia? Os Vedas declaram que essa energia é um aspecto de Deus, tecnicamente chamado de *Brahmajyoti*, ou refulgência divina, que, de certo modo, manifesta uma imagem de si mesmo como o Universo total. A ciência não pode afirmar que não existia nada antes do tempo de Planck. Essa hipótese ateísta é contrária a declarações do Transcendente Supremo por meio de suas literaturas reveladas, como no *Bhagavad Gita* 7.6:

aham krtsnasya jagatah prabhavah pralayas tatha
"Eu sou a fonte do aparecimento e desaparecimento desta manifestação material inteira"

Portanto, entre as duas alternativas, preferimos ficar com a "hipótese" apresentada por Deus: a de que Ele é a fonte de onde tudo emana, por trás da manifestação cósmica e por trás do tempo de Planck. No *Katha Upanisad*, 2. 2. 13:

Nityo nityanam cetanas cetananam
"Deus é a causa que origina todas as causas"

Evidentemente, a cosmovisão que temos hoje, quando ouvimos falar da teoria do Big Bang é algo fantástico. O impressionante disso tudo, é que os humildes sábios mendicantes, que moravam nas recônditas florestas do que hoje chamamos de India, milhares de anos antes do surgimento de Cristo, já discutiam estas ideias cósmicas de surgimento de Universos paralelos, contidos em bolhas expansivas, com ciclos de bilhões e trilhões de anos. E nos perguntamos, de onde teria vindo uma cosmovisão tão refinada e parecida com a que temos hoje?

A ideia de um Universo que evolui para uma ordem e não para o caos, sem a presença da consciência, é bastante improvável. A hipótese, guardadas as devidas proporções, poderia ser descrita com a seguinte analogia: uma pessoa reúne todos os materiais de construção para fazer uma casa, empilha-os e, colocando dinamite no centro da pilha, logo depois a detona. Como resultado do experimento aparecerá uma casa pronta. O problema dessa experiência é que ninguém nunca conseguiu fazer nada parecido com isso funcionar antes, mas, segundo a teoria do surgimento da matéria, talvez no início do Universo material isso tenha sido válido. Esse tipo de hipótese que elimina a supervisão e o controle de uma consciência é basicamente um ato de fé irracional, aceito, no entanto, pelos mais renomados cientistas materialistas. *"O curioso do Universo é que, nascido de uma deflagração, ele não se tenha, simplesmente, dispersado, como o cogumelo de uma explosão termonuclear e que, ao contrário, tenha se organizado ao se desintegrar"* (MORIN, 1986).

O astrofísico Brandom Carter propôs o Princípio Antrópico em 1974, segundo este princípio as leis físicas foram orquestradas ordenadamente desde o início propriamente dito do Universo até o surgimento do homem, e sugere a prova disso pelos estudos de sensibilidade das constantes físicas universais: *"Tudo deveria estar bem preciso desde o começo propriamente dito. Tudo, desde os valores das forças fundamentais, como o eletromagnetismo e a gravidade, às massas relativas das várias partículas subatômicas entre outras milhares de condições necessárias, caso contrário o Universo e a vida seriam impossíveis"* (CARTER, 2004). Esta é sem dúvida uma argumentação muito forte e que não pode ser facilmente rejeitada pelos cientistas materialistas.

A argumentação materialista de que antes do Big Bang não existia tempo ou consciência alguma, não pode ser comprovada e é altamente improvável. *"Temos uma idade, nossa civilização tem uma idade, nosso Universo tem uma idade, mas o tempo, por seu lado, não tem começo nem fim"* (PRIGOGINE, 1996). Krishna, a Pessoa Suprema declara em várias passagens no *Bhagavad Gita.* Quem mais além da Suprema Personalidade de Deus poderia declarar algo semelhante?

Kalah kalayatam aham
"Entre os subjugadores Eu sou o tempo"(10. 30)

Aham evaksayah kalo
"Eu sou o tempo eterno e inexaurível" (10. 33)

Kalo 'smi loka-ksaya-krt pravrddho
"Eu sou o tempo, o grande destruidor dos mundos" (11. 32)

O início do Big Bang e as condições preexistentes não podem ser explicados, pois, as leis físicas necessárias para descrever o fenômeno nessas condições não são válidas, e o observador influencia todo o processo, especialmente em seu início. No *Bhagavad Gita*, Krishna explica um pouco do seu papel nesse início do Universo:

Pitaham asya jagatah
"Eu sou o pai deste Universo" (9. 17)

Bhuta-bhavana bhutesa
"Sou a origem e o Senhor de tudo" (10. 15)

Sthanam nidhanam bijam avyayam
"Sou a base de tudo, a estabilidade para a matéria e a semente eterna e imperecível" (10. 18)

A ciência materialista baseia-se em uma teoria de origem cósmica metafísica, com fortes analogias com as cosmovisões religiosas, propõe eventos singulares auto-organizativos milagrosos que não podem ser explicados pelas leis físicas, eventos que nunca mais ocorreram, e, mesmo assim, julga-se capaz de ignorar as enfáticas afirmações de Deus, o cientista supremo.

Por que a natureza produz ordem? O Universo parece ter sido minuciosamente regulado a fim de permitir abrigar os seres vivos. É como um grande projeto universal muito bem pensado. Afinal, se Deus não existe, como então explicar a existência das flores?

Se quaisquer das constantes cosmológicas como gravitação, velocidade da luz, zero absoluto, constante de Planck, densidade do Universo, força nuclear, força eletromagnética entre outras variassem minimamente, não poderíamos ter o Universo como o conhecemos bem como a vida. As condições iniciais que permitiram o aparecimento da vida e do Universo parecem regulados com uma precisão vertiginosa. As probabilidades argumentam em favor de um Universo ordenado, regulado, cuja existência não pode ser engendrada pelo acaso. Tudo o que existe, estava de certo modo, existente em potência, desde o início do Universo e antes mesmo do tempo de Planck. (BOGDANOV, 1991).

A respeito desse ponto, Krishna declara para Arjuna no *Gita* 2. 12:
Na tv evaham jatu nasam. Na tvam neme janadhipah.
Na caiva na bhavisyamah. Sarve vayam atah param
"Nunca houve tempo em que Eu não existisse, nem tu, nem todos esses reis e no futuro nenhum de nós deixará de existir"

Na manifestação do Universo não há acaso, mas um grau de ordem infinitamente superior a tudo aquilo que podemos imaginar. Essa é uma hipótese mais coerente e realista e que não pode simplesmente ser desprezada. A existência de uma ordem suprema, que regula as constantes físicas, as condições iniciais, o comportamento dos átomos e a vida das estrelas levou Einstein declarar sua fé e Ilya Prigogine, laureado com Prêmio Nobel de Química em 1977, declarar seu espanto. *"De fato, se as constantes físicas universais tivessem outros valores, não teria havido formação de vida, não teria havido nós mesmos. Essas coincidências são espantosas. Ignoramos de onde elas vêm"* (Prigogine, 2002). Se ignoramos de onde elas vêm, não podemos desprezar preconceituosamente a hipótese fundamental de que as formas e as constantes são arranjadas por Deus, o planejador supremo. E, não simplesmente, alegar ignorância e fazer de conta que tudo está funcionando perfeitamente devido ao acaso.

2. 2 Sobre a vida

"De fato, a vida permanece sem sombra de dúvida, o fenômeno mais estranho do Universo. Como ela surgiu? Como ela sobreviveu e evoluiu? Como atingiu este grau de complexidade? Como nasceu a consciência? O mistério da vida continua insolúvel para a ciência." (Claude Allégre)

"O fenômeno da vida não pode ser descrito pela física." (Eugene Wigner)

"A vida mostra uma diversidade que ultrapassa a capacidade de compreensão da análise científica." (Niels Bohr)

A lei da conservação propõe que a matéria e a energia não podem ser criadas nem destruídas, mas transformadas. É um fato científico esta transformação cíclica. Então por que a vida seria criada do nada? Não, a vida também segue esta mesma lei, não pode ser criada nem destruída, sempre existiu e apenas se transforma ciclicamente. É isso também, o que Krishna nos explica no *Baghavad Gita*.

A proposta científica de origem da vida, aceita, atualmente, pela maioria dos cientistas, ainda é a da geração espontânea, que postula que seres vivos se originaram de material não vivo. Se a geração espontânea ocorreu várias vezes e continua ocorrendo, como postulou Lamarck (1744-1829) ao falar do surgimento das diferentes espécies, ou se foi um evento singular que ocorreu apenas no "surgimento" da vida, como propõe a teoria materialista, o fato é que o ato de fé nesse início milagroso é o mesmo.

É mais uma hipótese metafísica que exige fé para ser aceita e que segue o mesmo roteiro conceitual dos eventos iniciais singulares e antinaturais. Esses inícios milagrosos e únicos foram adotados nas principais teorias materialistas "científicas" de surgimento, a saber: do Universo, da vida, das espécies biológicas, do ser humano e da consciência. Todas essas teorias seguem um mesmo padrão que, em conjunto, formam o que chamamos de o paradigma materialista ateísta e hegemônico dentro da ciência.

As pessoas defensoras desse paradigma tentam sistematicamente eliminar Deus, da origem, da explicação e da manutenção do mundo. Os cientistas devotados ao materialismo, têm suas ideias de origem, ancoradas profundamente num mundo sobrenatural e metafísico, mas acusam e atacam veemente todos aqueles cientistas que se declaram espiritualistas. Esse vício de origem leva à perversão do próprio espírito científico, como já discutimos anteriormente.

A ideia geral da teoria materialista de surgimento da vida é que existiu nos oceanos primitivos do planeta Terra, uma sopa de compostos orgânicos sujeita a condições particulares e agressivas do ambiente, tais como elevadas temperaturas e descargas elétricas, acidez atmosférica, campos elétricos e magnéticos poderosos, entre outros fatores. Nesse cenário, a hipótese materialista sugere que a vida apareceu magicamente, num evento único e altamente improvável, na sua forma mais simples, como pequenas células orgânicas que passaram a se auto-organizar e reproduzir.

"A vida parece ter se originado nos oceanos primordiais que cobriam a Terra há 4 bilhões de anos. Como isso aconteceu não sabemos" (HAWKING, 2002). Apesar de cientistas famosos como Hawking afirmarem que não sabemos como a vida pode ter surgido, os materialistas insistem em afirmar que a vida surgiu da matéria e o conjunto da sociedade acaba tomando isso como uma verdade científica, quando na verdade é um blefe.

Na questão do surgimento da vida a partir da matéria, muitos questionamentos indicam fragilidades e contradições na hipótese apresentada. Todas as experiências que temos neste mundo fenomenal indicam que a vida vem da vida e não que a vida possa ser gerada espontaneamente da matéria.

Como diria Pascal, um conceito primitivo apresenta um sentido natural, claro e autoevidente. Devido a sua própria luz natural, sua extrema evidência leva à certeza a respeito do conceito. Agora, se alguém propõe um conceito antinatural, não usual, obscuro e não evidente em si, então precisa demonstrá-lo. Esse é o caso das principais teorias materialistas, que não demonstraram ou provaram suas proposições antinaturais que trazem mais obscuridades que esclarecimentos e, em vez de convencer a razão humana, confundem-na. Esse tipo de hipótese materialista metafísica vale como especulação teórica, mas quando é imposta como verdade hegemônica, por força do paradigma dominante, se transforma em dogma que engana e afronta o verdadeiro espírito científico.

Apesar do enorme avanço tecnológico da humanidade que permite a manipulação da matéria num nível nunca antes atingido, apesar da nanotecnologia e de ser possível repetir facilmente em laboratório as condições ambientais que teriam existido no planeta Terra no período em que os cientistas supõem ter surgido a vida, nunca foi possível manufaturar a vida a partir de elementos químicos. Por quê? Mesmo em laboratórios sofisticadíssimos, sob as mais rigorosas condições de controle. A conclusão é que a hipótese materialista de surgimento da vida, deve estar equivocada e não pode ser considerada científica, mas sim uma opinião. Ela tem origem metafísica, é obscurantista, pois é contrária ao sentido natural e não pode ser comprovada. Com todas essas fraquezas, a teoria materialista tenta se justificar com um possível, mas improvável, resultado futuro, "possivelmente criaremos a vida em laboratório". Parece uma proposta ingênua feita por uma criança ao dizer: "Quando eu crescer vou conseguir pegar a Lua com a mão. Se hoje eu não consigo, no futuro isso será possível, porque daí eu serei maior". Esse é o tipo de argumentação tipo cheque em branco, uma promessa vã. No entanto, ao invés da ingenuidade infantil, os cientistas que apoiam as teorias materialistas e ateístas de surgimento, sem levar em consideração a possibilidade científica do surgimento a partir de um princípio vital e não material, acabam aderindo ao dogmatismo, que se sustenta não por experimentos, mas pela força política do paradigma científico hegemônico.

Muitos pesquisadores indicam as dificuldades teóricas que enfrenta a hipótese da origem material da vida. Webb (1985), mostra uma probabilidade infinitesimal para o surgimento de aminoácidos aleatoriamente, dizendo: *"A probabilidade de aminoácidos específicos se combinarem ao acaso numa sopa primordial de moléculas é extremamente pequena, de 10^{-369}".* E cita o astrofísico Fred Hoyle que mostrou possibilidades praticamente nulas para o surgimento espontâneo das bases biológicas da vida: *"As chances de aparecimento de um sistema de enzimas capaz de sustentar até mesmo a mais simples forma de vida, é de $10^{-40.000}$"* (HOYLE, 1984).

Esses números infinitamente pequenos mostram que a chance de a vida ocorrer espontaneamente da matéria é nula. Nesse ponto, existe um paralelo entre a proposição das teorias materialistas de surgimento, com a criação a partir do nada, das tradições religiosas judaico-cristãs. Esse evento poderia ser chamado de o milagre do surgimento da vida. O cientista Francis Crick que recebeu o Prêmio Nobel de Medicina em 1963 por descobrir o DNA, declarou nestes termos: *"A vida parece ter sido quase um milagre, tantas são as condições necessárias para que a vida viesse a ocorrer"* (GODOI, 1999).

Segundo a termodinâmica, todo sistema vivo é um sistema aberto, num estado quase estacionário em meio a um fluxo de matéria e energia, armazenando informações, entre elas, as informações genéticas, as quais tenta passar para as gerações futuras. Esses são requisitos básicos para a vida orgânica, o que leva a duas conclusões gerais sobre a vida em si.

1. A vida segue o princípio da equifinalidade.

Esse princípio diz que um mesmo estado final de desenvolvimento de um sistema vivo pode ser alcançado partindo de condições iniciais muito diferentes. É o princípio por trás de processos biológicos regenerativos. É bastante evidente em sistemas vivos muito elementares e simples como as planárias. Esses seres vivos podem ser cortados em partes diferentes e essas partes passarão a se regenerar e poderão formar um novo ser completo e integral. Como a parte cortada sabe qual a forma final que ela precisa reestabelecer? Esse propósito final, ou equifinalidade, contradiz as leis físicas e só pode ser realizada e explicada admitindo-se a existência de um princípio vital semelhante a uma alma e uma consciência fundamental que governa o processo de regeneração, estabelecendo os campos e prevendo a meta final.

2. Existe uma violenta contradição entre a vida e a degradação termodinâmica dos sistemas.

Em um sistema termodinâmico, a matéria e a energia tendem a se degradar por meio de processos irreversíveis com o passar do tempo. O sistema passa de um estado mais organizado e "novo", com maior potencial, energia interna e possibilidade de realizar trabalho e algo útil, para um estado mais desorganizado, "velho", de menor potencial, e, finalmente, entra em equilíbrio termodinâmico ordinário com o meio ambiente. No sentido da flecha do tempo, a qualidade da energia e da matéria se perde e é degradada devido aos processos irreversíveis a que o sistema se sujeita. Essa degradação se deve principalmente aos processos de desgaste e oxidação da matéria e da perda de energia útil na forma de calor, levando a um aumento geral no grau de desordem interna dos sistemas. Sobre essa questão, Jean Guitton se pergunta. *"Como um fluxo de energia que escoa sem objetivo poderia espalhar vida e consciência no mundo?"*.

A vida, por outro lado, faz justamente o contrário, afasta-se o tempo todo do equilíbrio termodinâmico com o meio, organizando sua massa, aumentando a ordem interna do sistema, estabelecendo diferencial de potencial, organizando informações, realizando trabalho, ou seja, se auto-organizando e se reproduzindo, avançando, assim, na direção oposta à lei da morte termodinâmica.

Se analisarmos do ponto de vista atômico e molecular não veremos diferenças materiais ao medirmos as características de um mesmo ser, vivo num instante e morto no instante seguinte. Esse ser apresentará a mesma massa, as mesmas moléculas, a mesma forma, os mesmos órgãos e sistemas, antes e depois de morrer. Como, então, explicar a diferença entre os dois casos? O que existe no ser vivo e está faltando no ser morto?

Pode-se deduzir que no ser vivo existe algum tipo de princípio vital não material, gerador da consciência individual. Quando o ser morre, o seu corpo não apresenta mais essa força vital nem as características da consciência. Esse princípio vital também é conhecido como alma espiritual nos Vedas e em diversas outras tradições religiosas.

Parece ser um princípio lógico, autoevidente e natural, que pode ser entendido claramente por qualquer um, inclusive por uma criança, com a vantagem de vir com a autoridade dos livros sagrados de várias religiões. Por outro lado, se não for adotada a alma como hipótese cientificamente válida, como, então, explicar a vida? Na tentativa de explicação feita pelos cientistas materialistas e ateístas que propuseram o acaso criador, a vida teria surgido como uma propriedade emergente do sistema material. Mas que tipo de hipótese é essa? Não seria a hipótese de um Deus escondido, chamado de acaso?

Se no exemplo do ser, vivo num momento e morto no momento seguinte, verificássemos que a massa total do ser mudou durante a sua morte, significaria que alguma substância material saiu do corpo no processo de passagem da vida para a morte. Mas não é isso que acontece. Antes e depois de morrer a massa do ser é a mesma, logo, a vida não deve ser material e não deve estar vinculada a algum tipo de substância. A conclusão é que a vida é antimaterial.

Então a vida deve ser uma "propriedade emergente" do sistema, dizem os cientistas materialistas. Mas que propriedades teria a "emergência"? Além de ter de ser antimaterial, também teria de ser geradora da consciência, não localizada, atemporal, não detectada, ou seja, apresentaria muitas das propriedades do princípio vital a que os cientistas espiritualistas e os religiosos e filósofos chamam apropriadamente de alma ou *atma*.

A hipocrisia está no fato de que os cientistas materialistas abominam a hipótese da alma, chamando-a de transcendente e não científica, e adotam sem nenhum pudor as mesmas propriedades transcendentais da alma para aquilo que eles chamam de "emergência do sistema material", passando a considerar isso como sendo a mais legítima ciência.

No livro, Deus e a Ciência em direção ao metarrealismo, os físicos Bogdanov citam Prigogine, para quem

DEUS E CIÊNCIA

> [...] a vida repousa sobre estruturas dinâmicas, estruturas dissipativas, cujo papel consiste precisamente em dissipar o influxo de energia, de matéria e de informação responsável por uma flutuação. Contrariando a tendência a desordem. Assim os fenômenos de auto estruturação evidenciam uma propriedade radicalmente nova da matéria. Uma espécie de trama contínua que une a matéria à vida, no nível molecular segundo leis misteriosas. Constata-se um comportamento inteligente das moléculas, perturbado pela onipresença de uma ordem subjacente ao caos da matéria, assim a molécula sabe o que as outras moléculas farão ao mesmo tempo que elas, as moléculas se comunicam.

Na mesma obra, o filósofo Jean Guitton (1992), segue nesta linha, concluindo como Jung e Pauli (1955), que deve haver uma continuidade entre a matéria inanimada e a matéria viva, pois em cada partícula, átomo, molécula, célula de matéria, atua uma onipresença. Segundo os Vedas, essa presença em tudo é chamada de Superalma ou *Paramatma*. A presença dessa inteligência no cerne da matéria exclui a concepção de um Universo que apareceu do acaso e que teria produzido a vida por acaso.

A teoria do acaso material leva a eventos praticamente impossíveis de ocorrer. Os fatos sugerem que a teoria do acaso criador é improvável e inviável e que os esquemas da evolução foram escritos previamente, desde as origens. A observação sugere que o próprio Universo é inteligente e autoconsciente, permeado por uma inteligência transcendental que ordena a matéria e cria a vida.

Deus, o artista supremo, além de necessário, é extremamente provável. Assim, o mistério da vida continua insondável para a ciência materialista, pois a ponte de ligação com a Consciência Suprema foi interrompida unilateralmente. A ciência pretensiosamente julga-se capaz de menosprezar a fonte da vida, por isso permanece cega às verdades mais simples e evidentes, entendidas de modo espiritual até por uma criança.

2. 3 Sobre a teoria da evolução das espécies

"Caso alguém pudesse demonstrar que existiu algum órgão complexo que não pudesse possivelmente ter se transformado por numerosas, sucessivas e pequenas modificações, minha teoria se arruinaria completamente." (Charles Darwin)

"A seleção natural não pode por si só explicar a ordem do mundo biológico, apesar dos esforços dos fundamentalistas darwinianos." (Harold Glynn)

"Muitos instintos são tão magníficos que o desenvolvimento deles provavelmente se mostrará ao leitor uma dificuldade suficiente para subverter toda a minha teoria." (Charles Darwin)

"A evolução biológica é a ação contínua de Deus no mundo." (Arthur Peacocke)

"Deus é a fonte de todo o ser, e, em particular a fonte da força da evolução. Deus é a dinâmica universal da auto-organização." (Teilhard Chardin)

"O que chamamos de leis naturais são na realidade a vontade de Deus manifestada sistematicamente." (Hridayananda Das Goswami)

Os Vedas propõem um evolucionismo cíclico e orientado que conecta materialmente os projetos corpóreos de todos os seres vivos entre si, por meio de graus de parentesco, mas o fundamento de continuidade que une todos os seres como irmãos é o elemento espiritual, a alma espiritual e antimaterial, corporificada em cada receptáculo, que são os corpos das espécies biológicas, dando vida e consciência aos seres.

Para os Vedas, a transformação cíclica é um princípio central na natureza, existe no Universo, nas galáxias, nos planetas, nos ecossistemas, nos corpos dos seres vivos e também nas espécies. O mundo material como um todo está em constante transformação. A manifestação cósmica, em seus diferentes níveis, funciona de maneira automática, porém supervisionada por consciências superiores e controlada efetivamente por Deus.

Apesar de todas as críticas sobre o trabalho do bioquímico Michael Behe, relatado no livro A caixa preta de Darwin, a argumentação levantada por ele desafia e incomoda a teoria clássica da evolução aleatória. O autor explica que,

> [...] a célula é uma estrutura bioquímica que tem uma complexidade irredutível, impossível de ter surgido por meio do processo de mudança e seleção naturais, proposto pelo modelo neodarwiniano, ou seja, a célula precisa ser objeto de desígnio ou propósito. Porém, o desígnio de um modo geral, não pode ser detectado usando-se o método científico, ele acaba se tornando assim, muito mais um argumento filosófico do que fato científico. Ou seja, o método científico é cego aos propósitos das coisas. (BEHE, 1997).

O professor de biologia molecular Hewlett Martinez (2003), diz que Darwin propôs a hipótese de que todas as formas de vida existentes neste planeta descendem de um ancestral comum. Os diversos seres se originaram devido a um processo de seleção natural no qual sobreviveram as variações mais aptas à competição.

O que era inicialmente uma explicação para observações botânicas e zoológicas passou a ser aplicada de modo indiscriminado ao comportamento humano, à economia, à cosmologia, à história e até mesmo às artes, religiões e política. Os princípios da hipótese de Darwin são:

1. Os seres de uma população se multiplicam, são distintos e herdam características.

2. As diferenças entre os seres influenciarão nas suas aptidões.

3. A população mudará ao longo do tempo na presença de forças seletivas.

4. Os seres virão a possuir traços que aumentem sua aptidão para responder às forças seletivas.

Esses princípios, observados por Darwin, não podem efetivamente levar à evolução de uma população qualquer, a menos que se entenda evolução como sendo todo tipo de modificação que permita a sobrevivência e o acasalamento. No entanto, do ponto de vista finalista, teleológico, do bem supremo, só é evolução aquilo que leva ao desenvolvimento da consciência. Nessa perspectiva, o princípio biológico de mudança, nas características de uma população de seres qualquer, pode estar ocorrendo no sentido de evolução, mas também de franca degeneração ou involução na descendência modificada. Segundo os Vedas, a evolução ou a involução de um ser vivo depende do carma, mecanismo sutil básico de ação e reação comandados pelos campos de consciência.

Como aponta Hewlett, o modelo darwiniano tomou dimensão global e é aplicado indiscriminadamente em diversas áreas, como no comportamento humano. No entanto, se esses princípios de modificação biológica forem aplicados à sociedade e ao ser humano, ao pé da letra, o que poderíamos esperar como resultado? Vamos analisar um possível cenário levando algumas considerações ao extremo.

1. Seriam mais "evoluídos" os indivíduos mais aptos para se reproduzirem.

   Isso significaria que quanto mais promíscuas forem as pessoas, melhor para elas e para o grupo? Na lógica darwiniana sim, uma vez que o acesso a parceiros para reprodução se torna um fator determinante e fundamental. No entanto, esse tipo de comportamento não leva à evolução da espécie ou da humanidade, pelo contrário, causa a multiplicação de prole indesejada e sérios problemas sociais e de saúde pública, como a marginalidade, a desestruturação social, a violência, a segregação e por aí vai.

2. Seriam mais "evoluídos" os mais aptos a sobreviver.

Essa é a popular lei do cão ou lei da selva, que diz: "Quem pode mais chora menos". Esse tipo de argumentação justifica muitos tipos diferentes de injustiças, por exemplo, que dentro de uma mesma espécie, "raças" fracas sejam eliminadas pelas mais fortes. O nazismo usava esse argumento dizendo que a pretensa "raça pura" dos arianos era naturalmente superior aos demais seres humanos. Também esse argumento falacioso pode justificar a eliminação de indivíduos velhos, doentes, deficientes, homossexuais, pois é possível relacionar hipocritamente homossexualidade com desvio genético, e por aí vai. Assim, não é difícil, aceitando essa espécie de argumento como genericamente válida, propor projetos de eugenia ou limpeza étnico-racial. Além disso, a premissa dos mais aptos para a competição elimina o mecanismo da solidariedade e da cooperação entre os seres vivos, fundamental para a continuidade de qualquer espécie. Parece evidente que são mais aptas à sobrevivência espécies que cooperam mais do que as que competem mais.

Vivemos, hoje, em um mundo cada vez mais competitivo, poluído, superaquecido, com efeito estufa e buraco na camada de ozônio, desertificação e perda de biodiversidade. Um mundo em crise, barulhento, violento, estressado, impessoal, frenético, moralmente corroído, entre outros adjetivos degradantes.

Seguindo a lógica da "evolução darwiniana" podemos nos perguntar: como seria o ser humano do futuro? Para garantir sua sobrevivência e ter acesso a sexo, alimentação e recursos naturais, deveria reforçar sua agressividade e outras características animalescas? "Desenvolver" uma filosofia de vida para levar vantagem em tudo? Certo? "Desenvolver" uma capacidade de comer alimentos estragados e em decomposição, ou, quem sabe, aptidões para resistir à toxicidade e acidez do ar e da água? "Desenvolver" um ouvido menos sensível e sutil devido ao elevado nível de poluição sonora a que estará sujeito, ou um olfato que não se irrite facilmente com os cheiros desagradáveis e tóxicos dos rios, mares e dos centros urbanos? "Desenvolver" um cérebro menos consciente, crítico e pensante, por um mais autômato, repetitivo e instintivo?

Enfim, esse hipotético ser humano do futuro "desenvolvido nos moldes darwinianos" pode parecer tudo, menos um ser humano. Por incrível que pareça, a perspectiva de evolução ou involução da espécie humana é prevista no *Srimad Bhagavatam* (S. B.). Nesse livro sagrado são descritas muitas das

DEUS E CIÊNCIA

características esperadas para a espécie humana no decorrer dos próximos 427 mil anos, na chamada era de Kali, era em que vivemos atualmente.

Ksiyamanesu dehesu dehinam kali-dosatah
"A duração de vida e o tamanho dos corpos dos seres vivos diminuirá muito devido a contaminação.
As árvores diminuirão de tamanho, as nuvens e a atmosfera será carregada de relâmpagos"

Mais detalhes das características da involução social devido aos efeitos da era, serão apresentados no capítulo sobre os filósofos, quando será discutida a proposição de Freud, para quem a religião deturparia a imagem real do mundo.

Para um ser humano vivente com um baixo nível de consciência, as leis sutis da natureza fazem com que o ser humano degradado seja forçado a receber um corpo inferior de um animal, planta ou outra entidade viva qualquer numa próxima existência corpórea, uma vez que esta pessoa em involução não precisaria mais de um corpo sofisticado e aberto à expansão da consciência como é o caso do corpo humano. De fato, essa é a perspectiva involutiva do *samsara* védico, o eterno ciclo de nascimentos e mortes das entidades vivas e sancionado por Deus. Por outro lado, a evolução humana pode levar a liberdade transcendente para fora da *samsara*, a fusão com o pleno de energia ou a relacionamentos confidenciais e amorosos com a própria Suprema Personalidade de Deus, mostrando que a graça divina não tem fim.

Atualmente, os fatores seletivos naturais negativos aumentaram muito, devido a evidente degradação no planeta. Com isso, as diferentes espécies de seres vivos não terão tempo para se adaptar às condições mais agressivas do meio ambiente e simplesmente serão extintas.

Os mecanismos de modificação das espécies, por meio da evolução ou da involução, também seguem um propósito divino. Estabelecido nas leis físicas, as mudanças nas espécies foram descritas por Darwin e prevêem a lenta modificação biológica dos corpos, por intermédio da mutação genética e da seleção natural caótica. Mas a evolução da consciência, através de uma lenta jornada por diferentes espécies de seres vivos, vida após vida é estabelecida nos Vedas milhares de anos antes. Segundo os Vedas esta possibilidade evolutiva especial, rumo a liberdade transcendente, somente é disponível à forma de vida humana quando o grau de consciência é adequado para se conhecer Deus e a realidade espiritual. Sob a luz védica, o ser humano continua sendo o projeto especial de Deus, como afirma também a tradição bíblica.

Cremo e Thompson (2004) classificaram uma centena de evidências fósseis que indicam que seres humanos com características modernas já existiam no planeta Terra em idades que remontam há milhões ou mesmo bilhões de anos. Se esse é o caso, a evolução biológica das espécies não pode ser aplicada trivialmente ao ser humano, uma vez que o homem seria uma espécie muito antiga, colonizadora de sistemas planetários, também conhecidos como os *manus* nos textos védicos. A palavra *manu* deu origem a palavra humano. Além disso, somente nos seres humanos existe a possibilidade real da liberdade e da transcendência do mundo biológico. Segundo os Vedas, a existência na forma humana é rara e especial por ser imagem e semelhança a forma preferencial de Deus. A evolução no ser humano é medida pelo grau de evolução da sua consciência.

É somente devido à existência de uma Superconsciência que pode existir a evolução biológica de uma espécie, pois é preciso primeiro existir a forma, para que depois esta possa se manifestar fisicamente. Caso contrário, precisaríamos explicar como pode surgir uma forma funcional do nada. Krishna explica este ponto no *Gita,* 13. 17:

> *Bhuta-bhrartr ca taj jneyam grasisnu prabhavisnu ca*
> "A Superalma é a mantenedora de todas as entidades vivas
> também é Ela que as desenvolve e as aniquila".

O biólogo Rupert Sheldrake (2014), chamou de campos morfogênicos, ou campos mórficos, a esses prováveis campos organizadores de sistemas biológicos, similar aos campos elétrico ou magnético. Para esse pesquisador, os campos morfogênicos se estendem sobre o tempo-espaço e orientam a formação dos diversos sistemas, entre eles, as formas funcionais dos corpos dos seres vivos, determinando os caminhos pelos quais ocorrem as manifestações orgânicas materiais. *"Algo mais profundo que o acaso cego governa o mundo material, deste modo Sheldrake reintroduziu na biologia o vitalismo através de sua hipótese dos campos morfogenéticos, campos, ou estruturas espaciais, que são responsáveis pelo desenvolvimento das formas. Estes campos já são dotados de uma complexidade adequada de modo a modelar os organismos em desenvolvimento"* (WEBER, 1986). Esses campos seriam "ferramentas" usadas por uma intenção proposital, um projetista por trás da programação do código genético e da mutação genética funcional, com propósitos dirigidos, concebidos e planejados. Na lógica védica, esses campos de consciência divinos fazem parte da própria estrutura *Brahmajioti* e de Superconsciência *Paramatma* de Deus.

A lenta modificação das espécies pode ser acelerada e atropelada pelo mercado, quando os técnicos brincam de "deus" com experimentos genéticos nas empresas e laboratórios de transgenia. Os organismos geneticamente modificados estão aí, presentes nas plantações e na alimentação de quase todos, neste nosso bravo mundo novo. Atualmente, existe uma grande variedade patenteada de clones e de organismos transgênicos, que apontam para perspectivas tecnológicas e científicas, talvez inevitáveis, mas eticamente assustadoras, especialmente quando "reguladas pela mão invisível do deus-mercado"ou quando se cogita modificar a herança genética humana. Corrêa (2002), faz alguns questionamentos éticos sobre o futuro da genética experimental. Poderá a genética redefinir o que é o ser humano? Deveriam as pessoas geneticamente fracas serem impedidas de reproduzir? Chegaremos no futuro a um *apartheid* genético? Voltaremos a este ponto quando discutirmos o mito dos genes.

À luz dos Vedas, seres extraterrestres, semideuses e agora seres humanos, podem perfeitamente movimentar e modificar esses projetos de seres corporificados. Empresas e universidades fazem isso corriqueiramente. Mas se os organismos podem ser geneticamente manipulados, o princípio vital não pode ser produzido em laboratório. Como declara Krishna no *Gita*, 7. 9-10:

Jivanam sarva bhutesu.

"Eu sou a vida de tudo o que vive"

Bijam mam sarva-bhutanam

"Eu sou a semente da qual se originam todas as existências"

A revelação védica indica que a vida não surgiu neste planeta, mas que ele foi colonizado já nos seus primórdios. Assim que o planeta resfriou o suficiente, seres humanos com estrutura física mais sutil e evoluída que a que temos atualmente, já estavam presentes por aqui com projetos de colonização com as sementes da vida. Porém, o planeta tem passado repetidamente por várias eras cósmicas conhecidas como *yugas*, e segundo a cosmologia védica, ao final de cada ciclo de quatro *yugas* que dura algo em torno de cinco milhões de anos, o planeta sofre despovoamentos e repovoamentos naturais de espécies.

Assim, parte da teoria evolutiva darwiniana pode se encaixar na visão evolutiva apresentada nos Vedas. Efetivamente, a mudança biológica dos corpos e a lenta mudança das espécies tem pouca ênfase nos Vedas. Para os Vedas, a consciência individual é a chave da evolução individual e o princípio vital corporificado pode mudar de espécie muito rapidamente, abandonando um corpo e assumindo outro.

As teorias biológicas funcionam parcialmente para explicar a mudança das espécies, pois não conseguem explicar por exemplo, de onde vem as formas dos órgãos e dos seres vivos, assim como não consegue explicar por meio do DNA e de mudanças no código genético, o surgimento da infinita complexidade do corpo, da mente e da consciência do ser humano.

Segundo Martinez (2003), em meados do século XX foram incorporados novos princípios à hipótese de Darwin, chamada de Síntese Neodarwiniana.

1. Os genes constituem as moléculas de DNA dos cromossomos.

2. As características de um organismo (fenótipo) são encontradas nos genes (genótipo).

3. Variações encontradas nos indivíduos são resultados de mudanças encontradas nos constituintes dos genes.

4. Essas mudanças genéticas ou mutações acontecem de forma aleatória e imprevisível.

5. Essas variações de características atingirão a população.

6. Portanto, é sobre os genes que operam as forças da seleção natural.

Esse modelo biológico com sua filosofia materialista subjacente passou a ser uma ferramenta reducionista incrível, sendo aplicado irrestritamente a todos os níveis de organização, da molécula ao ecossistema. Em paralelo a isso, a visão de mundo, cientificista, materialista e reducionista, refinou-se do século XVI para o século XX resultando na compreensão tácita de que a investigação científica deveria se limitar aos seguintes interesses:

1. A ciência só deveria considerar os aspectos materiais do mundo natural.

2. Estudar e explicar somente as causas secundárias dos fenômenos e nunca as causas primárias, como a ação ou o fenômeno divino.

3. Reduzir e dividir os sistemas em partes.

Quando aplicados à biologia evolutiva, esses princípios limitadores existentes na ciência materialista suprimem todos os aspectos espirituais da explicação da vida natural, restando apenas um substrato material que carece de finalidade e propósito. Sob esta ótica a natureza parece vagar sem nenhum objetivo final, pronta para ser explorada e transformada em *commodities*.

O modelo darwiniano reduziu seres vivos divinos e complexos a meros componentes químicos e leis físicas. O que se mostra espiritual parece ser redutível ao que é físico. O que se mostra propositado parece ser redutível à interação cega da lei e do acaso. Chegou a se afirmar que os genes determinariam o comportamento humano, surgindo assim dentro das áreas sociológicas o darwinismo social, a sociologia e a psicologia evolutiva, áreas derivadas, ou que se apropriaram da estrutura filosófica materialista por traz da teoria neodarwiniana, utilizada indiscriminadamente para forjar uma explicação reducionista do fenômeno humano, desvinculando-o de qualquer possibilidade transcendental.

Enquanto o rude darwinismo social justificava o imperialismo, o nazismo ou o capitalismo selvagem, segregando populações inteiras, na sutil psicologia evolutiva existia sempre o risco da segregação individual, devido ao conceito fatalista de que grande parte das capacidades e habilidades mentais humanas são inatas, por estarem codificadas no genoma. Contrário a esta filosofia materialista é que os Vedas e os filósofos krishnaistas, como Srila Prabhupada, apresentaram o conceito de evoluções através das espécies biológicas, norteadas pela consciência.

Não são os princípios da síntese neodarwiniana, mas sua estrutura filosófica materialista que entram em conflito com vários textos sagrados de escrituras reveladas, como a Torá, o Alcorão, a Bíblia e os Vedas. Apesar de não falarem nada, ou muito pouco sobre a mudança nas espécies de seres vivos, todas essas escrituras sagradas afirmam que a vida vem de Deus e não de arranjos caóticos da matéria caótica. Nesse aspecto, todas as escrituras sagradas estão absolutamente corretas, no entanto, uma interpretação literal dessas escrituras sustenta compreensões da história da natureza, muito diferente do relato científico-histórico tradicional. Enquanto a proposição bíblica da origem e história do mundo parece ter sido superada pela ciência, a cosmogênese védica se mostra um desafio científico intransponível. Mas devido a incompatibilidade causada pela interpretação literal dos diversos textos sagrados, muitos cientistas refutaram levianamente a teoria da origem e da natureza divina da vida, pois na questão da origem, as explicações religiosas se mostram contraditórias e parciais.

Os registros fósseis e as assinaturas geológicas do planeta nos deram a dimensão de um tempo histórico-natural que não concorda com os tempos citados nas escrituras sagradas ocidentais, uma vez que nelas é apresentado um tempo relativamente curto para a origem da vida, porém, isso não significa que é possível refutar trivialmente a hipótese da vida com origem divina.

Os Vedas sagrados se referem a vida como sendo eterna e absoluta e que sua manifestação neste Universo ocorreu há bilhões de anos. O simples fato de estar relatado nos Vedas, desafia a hipótese metafísica obscura de origem material da vida adotada no paradigma darwiniano.

A visão monoteísta védica, diferentemente de muitas das tradições monoteístas religiosas ocidentais, traz a ideia do mundo como um processo, composto de vários ciclos uns dentro dos outros. Um mundo não estático, mas infinitamente dinâmico, cujo substrato último da natureza é a consciência. Nessa perspectiva, a modificação biológica é mais um processo cíclico. Por conseguinte, devido às características apresentadas de revelação divina, antiguidade, universalidade e aderência com as mais originais e fecundas teorias científicas da atualidade, os Vedas, especialmente o *Gita* e o *Bhagavatam*, ocupam um papel de especial importância entre os livros sagrados de revelação divina. Isso é muito significativo, pois a natureza dos Vedas permite a síntese, a aproximação dos opostos e a solução de muitas contradições vividas pelas ciências, filosofias e religiões na atualidade.

Na evolução darwiniana das espécies, um dos pilares da ciência moderna, não há lugar para a consciência, e qualquer mudança que permaneça nos corpos das espécies é considerada uma evolução. Evidentemente este é um conceito muito restrito de evolução e efetivamente não deveria receber este nome. A princípio não é possível dizer se a "evolução" das espécies ocorre no sentido do mais simples para o mais complexo (da matéria para a consciência) ou ao contrário (da consciência para a matéria), e se a evolução é devida a simples mutações genéticas aleatórias ou se essas modificações são influenciadas por algum campo de consciência.

A ciência materialista tradicional nega o finalismo, mas aceita conceitos claramente finalistas em suas teorias, como os "programas genéticos". Porém não responde à questão de como surgem ou quem fez tais programas. Como declara Azevêdo (2003), *"A ciência conhece onde se localizam os genes humanos, mas desconhece profundamente como eles funcionam; como interagem com o ambiente; como comandam ações entre si, durante o desenvolvimento do ser humano".*

O mundo em que vivemos e no qual temos nossas experiências, nos mostra que é possível realizar modificações genéticas em seres vivos, desde que existam os seres vivos a serem modificados e que exista uma consciência maior por trás desses experimentos, no caso a consciência dos cientistas.

Mas um ser muito simples transformar-se num outro ser, muito mais complexo, sem o auxílio de uma consciência, não é um processo natural evidente e precisa ser provado, como propõe Popper, com seu princípio da falsidade.

DEUS E CIÊNCIA

Essa prova nunca ocorreu e para que esse tipo de transformação antinatural possa ser adotado, os cientistas materialistas precisam assumir várias premissas, algumas delas dogmáticas, metafísicas e não científicas.

Nesse ponto podemos dar um exemplo do funcionamento do paradigma materialista na ciência. Vejamos o seguinte caso: os biólogos evolucionistas Meyer *et al.* (2013), fazem a seguinte proposição e adotam-na como científica. *"Como temos várias evidências, ainda que indiretas, da evolução por seleção natural, e como ela constitui uma explicação melhor do que as alternativas disponíveis, é perfeitamente aceitável adotá-la como teoria científica".* Se trocarmos, na proposição anterior, as palavras evolução e seleção natural pelas palavras princípio vital ou alma, então teríamos a seguinte proposição: *"Como temos várias evidências, ainda que indiretas, da alma ou princípio vital, e como ela constitui uma explicação melhor do que as alternativas disponíveis, é perfeitamente aceitável adotá-la como teoria científica".* Essa proposição da alma, de fato, foi feita por René Descartes, o pai do método científico. No entanto, seguramente, essa afirmação é considerada anticientífica pela esmagadora maioria da comunidade científica, devido ao paradigma atuante.

O fato é que ninguém sabe realmente o que é "evolução", não se tem evidências, não se conhecem os mecanismos evolutivos, faltam fósseis intermediários e, principalmente, elos entre os grupos. Não existe uma ideia clara de como a evolução a partir do caos material pôde acontecer. Webb (1985), cita o biólogo evolucionista Ernst Mayer, da Universidade de Harvard, que declarou:

> Em 1981 fizemos uma conferência internacional em Roma sobre a mecânica das espécies. Compareceram muitos botânicos, zoólogos, paleontólogos, geneticistas, citologistas e biólogos. Uma coisa quanto ao que todos concordaram foi que ainda não temos absolutamente nenhuma ideia do que ocorre geneticamente durante a formação de uma nova espécie. Isto é uma afirmação condenadora, mas é verdade.

E segue avaliando que *"o conceito de evolução das espécies, a ideia de uma espécie evoluindo em outra através das leis físicas sem o auxílio de uma consciência, é não só anticientífica, mas irracional".*

A mesma ideia é expressa por Allégre (2000), que afirma:

> Passar do cavalo ao asno através de mutações? Sim, talvez, mas passar do crocodilo à águia por mutação simples é praticamente impossível. É necessária outra coisa, uma intervenção especial. É fato que nos anais paleontológicos não se encontra qualquer traço de formas intermediárias entre as grandes ramificações ou classes de seres vivos.

Para Tasi (2013), *"o evolucionismo darwiniano é uma construção linguística, uma narrativa mítica construída nos séculos XIX e XX. Muitos tipos de comportamentos animais são sistemas irredutíveis e coordenados que são impossíveis de serem obtidos por mera mutação, mas perfeitamente compatíveis com um planejamento superior".*

A evolução biológica é uma forma de ação divina no mundo. É uma "criação" contínua num mundo que é e está em Deus, apesar de Ele também estar fora deste mundo. O caráter onipresente do acaso na evolução não aponta para uma irracionalidade fundamental no mundo, mas para um fundamento divino, racional na sua irracionalidade, preeminentemente ativo na natureza e na evolução, influenciando os acontecimentos por meio do amor persuasivo, minimamente intervencionista. Por outro lado, como existe uma evolução, existe um propósito, fins funcionais e evidentes na natureza que indicam, um mundo transcendental, um sistema metafísico último que faz parte do profundo enigma da natureza.

O filósofo e teólogo cristão, Teilhard de Chardin, aproxima-se da visão védica ao dizer que *"a evolução se desenrola na direção de uma crescente complexidade, este aumento de complexidade é acompanhado por uma correspondente elevação no nível de consciência, culminando na espiritualidade humana".* A evolução da consciência leva à consciência de Deus. A evolução biológica é uma modificação contínua, imanente e criativa rumo a perfeição do espírito. É um processo divino em que a natureza se torna consciente de si mesma por meio da humanidade.

2. 4 Sobre o mito dos genes

"O projeto Genoma Humano, mostrou a ausência da relação entre o número de genes e a complexidade dos organismos. O arroz tem 50 mil genes, e o ser humano só 30 mil. Logo, somos o que somos, não pelos genes. Este fato é desnorteador para os cientistas reducionistas." (Eliane Azevêdo)

Ted Peters, no artigo "Genética, teologia e ética", diz que a genética é o campo da pesquisa científica que estuda a atividade de segmentos de DNA chamados genes nos seres vivos. Esse campo ampliou-se em várias áreas, como a biologia molecular, a genética comportamental e a sociobiologia. O reducionismo genético levou à crença cultural e pseudocientífica de que "tudo está nos genes" determinando, inclusive, a própria natureza humana e seu valor. Nesta lógica reducionista, nos seres vivos tudo poderia ser explicado com referência a impulsos e comandos genéticos. Assim, a cultura humana, incluindo a religião, o comportamento e a moralidade humana, estariam presos a guias genéticas, egoístas em si, na busca da autorreprodução.

Iniciado em 1990, por James Watson, e concluído em 2003, o Projeto Genoma Humano foi um esforço científico internacional que gastou bilhões de dólares para mapear o código genético humano e identificar a sequência de todos os genes do corpo humano. Seguindo a lógica de que "tudo estava nos genes", os cientistas do projeto esperavam a existência de muitos genes para poder contemplar a enorme complexidade de um ser humano. Isso parecia óbvio. Assim, o número inicial de genes estimado para o ser humano foi algo em torno de 100 mil genes. Em 2001, após ter sido mapeado 90% do genoma humano, a estimativa era de apenas 30 mil genes, sendo que 98, 6% desse DNA não codificava proteínas, constituindo o que foi chamado de "DNA lixo". Ao final do projeto, verificou-se que apenas 25 mil moléculas de DNA constituíam sequências codificadoras de proteínas e funcionavam segundo a definição clássica de genes. Fazendo uma comparação do número de genes nas diferentes espécies:

Espécie	Número de genes
Ser humano	25 mil
Levedura	6 mil
Mosca	13 mil
Verme	26 mil
Arroz	50 mil

Assim, com base na crença de que os genes são tudo, o arroz ou um verme deveriam ser mais complexos que Albert Einstein ou Chopin. Com a conclusão do Projeto Genoma Humano, os genes perderam parte da sua importância e seu lugar de destaque. Até então, a genética era um lugar mágico que estava associado à essência do ser humano, agora vemos que toda a informação genética de um ser humano pode ser contida num simples *pen drive*.

Chopra (2001) nos diz:

> Mesmo no nível mais básico vemos determinadas qualidades de consciência – reconhecimento, memória, autopreservação e identidade entrarem em jogo, junto com o elemento tempo. Não basta ao DNA se reproduzir aleatoriamente; este é o comportamento do câncer. Para formar um novo ser vivo, o DNA precisa entrar em cena no momento certo. Portanto memória, aprendizagem e identidade precedem a matéria,

> e a governam. É a consciência que contém os segredos da evolução, não o corpo, o DNA ou os genes. O mesmo DNA que de bom grado se destrói em uma célula de pele quando em contato com o ambiente, luta pela sobrevivência em uma célula de esperma. A consciência parece ser capaz de uma organização infinita. (CHOPRA, 2001).

Fica a pergunta. Se os genes não podem cumprir o papel de controlador, o que efetivamente controla o desenvolvimento biológico dos seres vivos?

Além da importante conclusão de que o código genético é algo instrumental e não essencial para a espécie humana, durante o desenvolvimento do projeto genoma humano alguns cientistas vinculados a laboratórios e empresas patentearam milhares de sequências de ADN, usando a mesquinha e demoníaca lógica do mercado e do lucro antes e acima de tudo, ficando evidente que ao brincar de semideuses, os cientistas e a ciência podem levar seus descobrimentos e suas conclusões a caminhos éticos equivocados e perigosos, corrompidos muito facilmente pela lógica pragmática, utilitarista e cruel do mercado. *"O homem começa a sentir-se capaz não apenas de copiar os processos naturais de especiação, mas de usá-los de modo criativo na produção de novas espécies, que passa a considerar como contribuições originais e melhoradas da biodiversidade natural"*(MARICONDA; RAMOS, 2003).

A engenharia genética, por meio da manipulação tecnológica do genoma de plantas, animais e seres humanos, pode pôr em risco o ambiente e as espécies e raças naturais, comprometer a estabilidade da vida e a segurança alimentar no planeta, bem como interferir no futuro da humanidade. Além disso, muitas outras questões preocupam:

- A discriminação genética de pessoas vivas. Como várias doenças são geneticamente localizáveis e se esse tipo de informação sobre o genoma individual de alguma maneira acabar "vazando" para o mercado, então a lógica do lucro exigirá uma segregação de pessoas mais suscetíveis a doenças, especialmente em sociedades em que a desigualdade é muito grande.

- A discriminação genética anterior ao útero.

- A modificação do patrimônio genético humano. Assim como parcelas da população fazem uso indiscriminado de esteroides, anabolizantes e cirurgias plásticas, esse caminho de "aprimoramento genético" será cada vez mais atraente para uma sociedade hedonista, consumista e baseada no espetáculo, como é nossa sociedade hoje.

O mito de que "tudo está nos genes" é perigoso. Pressupõe, entre outras coisas, que a liberdade individual não existe ou é mínima, e que a responsabilidade ou culpa dos atos do ser humano estaria fortemente ligada aos seus genes. A desculpa genética é uma argumentação pervertida, ideal para que pessoas ou governos com tendências demoníacas, alimentados pela expectativa do lucro, poder ou dominação, fomentem a exploração e a degradação do ser humano. A proposição pervertida de que "tudo está nos genes" é desencaminhadora da alma, podendo levar ao desespero e ao fatalismo individual e social.

Certo grau de determinismo sempre existe, mas não é absoluto. Em parte, é causado pelos genes, mas também por uma série de outros fatores como condições ambientais, governos, sociedades, família, cultura, religiões, educação, leis e pela história. Segundo os Vedas, o condicionamento humano é caracterizado pelo carma individual, pelos modos da natureza, pelo carma coletivo e pela falsa identificação do ser eterno com o temporário conjunto corpo-mente. Porém, esse determinismo pode ser superado, pois, a entidade viva é originalmente livre e mesmo estando altamente condicionada, pode fazer opções de vida que a levem à liberdade plena.

Krishna diz no *Gita* 7. 14:

Daivi hy esa guna-mayi. Mama maya duratyaya.

Mam eva ye prapadyante. Mayam etam taranti te.

"Esta Minha energia material aprisionadora é muito difícil de ser superada.

Mas aqueles que se renderam a Mim podem superá-la facilmente"

Outro aspecto do mito da importância genética pode aparecer em projetos de construção de super-seres humanos. Os defensores destas propostas de aprimoramento genético humano, fazem promessas dizendo que conseguirão guiar a evolução da raça humana e assim, os seres humanos passarão a controlar melhor seus destinos, pois, poderão modificar seu código genético, melhorando-o, seres que não adoecem, mais fortes, belos e quase imortais.

Temos experiência desse tipo de promessa futura em várias questões práticas, como na questão ambiental. As promessas do discurso hegemônico eram parecidas, a natureza deverá ser controlada e explorada, segundo os desígnios da razão humana, isso com certeza nos levará a um mundo melhor. No entanto, paradoxalmente, o racionalismo humano que trouxe melhorias produtivas e tecnológicas, tornou-se irracional e aprofundou a exploração do homem pelo homem, ajudou a massacrar minorias, criar uma imensidão de lixo e venenos, trazendo problemas mundiais de aquecimento global, desertificação, extinção de espécies, esgotamento dos recursos naturais, degradando o planeta e colocando em risco o próprio futuro da humanidade. Assim, acreditar nesse tipo de promessa, de construção de um ser humano melhorado, um super ser, é no mínimo ingenuidade e disposição para ser enganado. Não deveríamos incorrer no mesmo tipo de erro novamente. É preciso aprender com a história para evitar que ela se repita.

2. 5 Sobre o surgimento dos seres humanos

"As antigas escrituras Védicas da Índia nos falam de uma civilização global, com conexões interplanetária, que prosperou em um tempo em que os historiadores modernos gostariam de nos fazer acreditar que os humanos como nós existiam simplesmente como caçadores-coletores, ou nem mesmo existiam ainda." (Michael Cremo)

A paleontologia tradicional sugere que há 600 milhões de anos atrás, a vida no planeta Terra existia apenas na água, em formas unicelulares, e que só veio para a superfície há cerca de 420 milhões de anos. Há 220 milhões de anos surgiram os dinossauros e o gênero *Homo* teria aparecido a três milhões de anos, surgindo o ser humano moderno entre 150 a 350 mil anos atrás. Porém, os registros fósseis são raros e as histórias que eles contam não são únicas, mas interpretações teóricas.

O paleontólogo Michael Cremo sugere uma teoria diferente para a história da raça humana. Seus estudos estão baseados em uma enorme lista de evidências fósseis, catalogadas como anômalas pela interpretação tradicional. Cremo e Thompson sistematizaram uma grande quantidade de artefatos e fósseis considerados anômalos pela paleontologia oficial, e verificaram que essas evidências fósseis sugerem um tempo muito mais antigo para o surgimento do ser humano no planeta Terra. Os autores rejeitam a teoria moderna da evolução do homem, a partir de um ancestral comum com os símios, ocorrida a centenas de milhares de anos atrás.

Para citar algumas dessas evidências anômalas levantadas por Cremo:

- pegadas de homem moderno em cinzas vulcânicas no sítio arqueológico de Hueyatlaco, no México central, datadas em 1,3 milhão de anos; por Paul Renne;

DEUS E CIÊNCIA

- pegadas de seres humanos modernos impressas em cinza vulcânica, em Laetoli, na Tanzânia; descobertas pela arqueóloga Mary Leakey, em 1979, e datadas em 3, 5 milhões de anos;

- artefatos produzidos por homens modernos, descobertos pelo geólogo e arqueólogo português Carlos Ribeiro, datados em 20 milhões de anos;

- artefatos escavados em Table Mountain, na Califórnia em 1888, pelo geólogo J. D. Whitney e datados em 55 milhões de anos;

- artefatos e ossos relatados pelo paleontólogo argentino Florentino Ameghino e pelo australiano Herbert Basedow;

- crânio relatado pelo geólogo italiano Giuseppe Ragazzoni.

Além de rejeitar a teoria do homem macaco, a visão apresentada por Cremo se mostra coerente com a cosmologia védica.

Em rápidas palavras, a visão védica diz que os seres humanos sempre existiram. No entanto, o mundo e os seres vivos aparecem e desaparecem conforme os ciclos planetário e cósmico reinantes. Essa manifestação ou não manifestação das energias exterior e marginal de Deus são controladas por Ele próprio. Portanto, tendo como base a cosmogênese védica, é natural esperar encontrar evidências fósseis de homens ditos modernos em períodos longínquos, como há milhões ou mesmo bilhões de anos atrás. Assim essas evidências levantadas pelo Dr. Cremo deixam de ser anômalas, tornando-se perfeitamente plausíveis com a teoria védica da manifestação divina de mundos cíclicos.

Os fósseis encontrados até hoje nunca chegaram perto de comprovar a teoria de um ancestral comum e recente do homem e do macaco moderno. No entanto, os fósseis catalogados como sendo anômalos sugerem que o ser humano com características fisiológicas modernas pode ser muitíssimo antigo, uma espécie de Adão bíblico, colonizador de mundos, um *Manu*, segundo a explicação védica.

A ciência precisa considerar válida a teoria do Dr. Cremo, inspirada nos Vedas, e buscar comprová-la ou refutá-la, baseada em fatos objetivos. O que não pode é simplesmente fazer de conta que esse tipo de teoria não existe porque contraria a hegemonia científica da atual teoria de surgimento do *Homo sapiens*. As evidências anômalas catalogadas por Cremo e Thompson não refutam ou invalidam a evolução ou involução biológica geral dos seres vivos, mas reforçam a tese de uma evolução especial para os seres humanos. Algumas evidências fósseis anômalas parecem indicar que a rara forma de vida humana, aquela que é imagem e semelhança de Deus, pode ter estado presente neste planeta já há bilhões de anos, enquanto a crosta terrestre ainda estava solidificando.

Na cosmologia védica, o homem deste Universo fica latente e não manifesto durante um período da respiração de Deus e, então, volta a aparecer. Isso ocorre de forma dinâmica, governado pela seta do Tempo, em um mundo que se expande e se contrai, num ciclo de bilhões de anos. Nessa lógica, nada mais natural que as demais espécies sejam introduzidas de forma gradual e evolutiva, num processo de povoamento universal, dos seres mais simples para os mais complexos. A evolução biológica supervisionada é o mecanismo usado para isso, projetos de seres são instalados e desinstalados segundo as condições do ambiente e da consciência coletiva instantânea, que podem ser favoráveis ou desfavoráveis para determinada espécie em determinado momento.

Uma vez existindo a vida, que é em si algo não material e divino, então é possível manipulá-la diretamente para "gerar" novas espécies ou implantá-las em diferentes locais, para que então possam evoluir pela lenta seleção natural influenciada pelo meio ambiente, de seres e orgãos mais simples para seres mais complexos, até certo limite.

Uma questão levantada por muitos cientistas, teólogos e filósofos é. Se Deus estabeleceu a seleção natural, como Ele poderia ser amoroso e não cruel, uma vez que a evolução seletiva levou à extinção, à morte e ao sofrimento milhões de gerações de criaturas? O acaso, portanto, não é mais fácil de ser admitido?

A resposta védica é que Deus é amoroso sim, e numa dimensão infinita. A evolução por intermédio das espécies, depende da consciência do ser e do quanto essa consciência está apta a responder ao amor divino. Assim, a entidade viva, o princípio vital, a alma, pode assumir vários corpos, inclusive o corpo humano, e testar seu relacionamento pessoal com Deus, numa condição cada vez mais plena de liberdade e humanidade. Em algum momento, todos os seres vivos terão essa possibilidade rara de verdadeira evolução transcendente, solicitando a misericórdia divina.

Caso não consiga chegar à condição de plenitude potencial que é a condição humana, a entidade viva corporificada continuará recebendo corpos de espécies mais simples em novas e novas vidas, evoluindo gradativamente sua consciência até atingir novamente a condição humana, na qual poderá tentar a ruptura com esses repetidos ciclos de nascimento e morte, característicos do mundo material.

A vida humana é, portanto, especial e rara. É uma dádiva preciosa de Deus ao ser individual, que nessa condição pode atingir a perfeição, plenitude e bem-aventurança. Esse é o objetivo da criação material, o retorno amoroso dos seres à fonte de onde tudo emana, à fonte de todo o prazer, à Suprema Personalidade de Deus, Sri Krishna.

Por outro lado, o Universo material é um projeto didático divino, que funciona de modo automático, não precisando da intervenção divina para continuar operando. De modo geral, neste Universo os seres humanos buscam a independência total dos desígnios divinos, em outras palavras, buscam ser Deus competindo com Ele. História representada pela tentação de Adão no pecado original, que depois é expulso do paraíso. Como essa independência humana do divino não é possível no mundo espiritual, existe esse lugar material em que estamos atualmente, onde a velhice, a doença e a morte são parte das insuperáveis leis naturais e onde, por desejo próprio do falso ego, as pessoas podem exercer essa pseudoliberdade. É a queda da humanidade do paraíso da gênese judaico-cristã.

Assim, usar o mecanismo de evolução biológica para questionar o amor de Deus, que ansiosamente deseja que Seus filhos aprendam, parem de sofrer e se libertem individualmente pelo amor responsável, é como questionar o amor de Deus por existir a lei da atração gravitacional.

Foi justamente por amor que Deus manifestou este mundo de ilusão, tipo matrix, no qual a morte e o sofrimento impelem as entidades vivas à transcendência e ao movimento. Sem a nova chance que ocorre a cada ciclo de morte do corpo poderia ocorrer a terrível estagnação ou morte da alma. Estamos todos nesta prisão material e as leis materiais são duras. Mas, por amor divino, temos em nós mesmos a chave desta prisão.

Ou, como diz Eduardo Cruz (2004).

> [...] o uso do livre arbítrio ajuda a configurar o humano, mas não se pode ser demasiado otimista sobre o resultado da vontade humana consciente, presa a uma história acidentada. Isto é parte do paradoxo humano. O homem de natureza teimosa, oportunista, egocêntrica e auto enganosa, transporta dentro de si o tesouro da graça divina, que pode unir o que está dividido e curar o que está ferido.

2. 6 Sobre a consciência

"Há ser humano quando aparece a consciência." (Victor Frankl)

"A pesquisa moderna da consciência revela que nossa psique não tem limites reais e absolutos. Ao contrário, somos parte de um campo infinito de consciência que engloba

tudo o que existe, além do tempo-espaço e no interior de realidades que ainda devemos explorar." (Stanislav Grof)

O eu nem nome tem.
O meu nome, diz ele, é João.
E daí?
É como se dissesse o meu nariz,
os meus óculos.
O meu par de sapatos.
(Mario Quintana)

"A mente humana, de algum modo, é planejada para exigir a fé. E a essência humana não descansa até reconhecer e desenvolver um relacionamento com a divindade." (Patrick Glynn)

"O observador que pretende observar uma pedra, na realidade observa, se quisermos acreditar na física, as impressões da pedra sobre ele próprio." (Albert Einstein)

"A física tem demonstrado, tão claramente quanto se poderia desejar, que no reino das dimensões atômicas a realidade objetiva pressupõe um observador, e que só nesta condição é possível um esquema satisfatório de explicação. Isso significa que um elemento subjetivo se prende à visão de mundo do físico e, em segundo lugar, que existe necessariamente uma conexão entre a psique a ser explicada e o continuun espaço-tempo objetivo." (Carl G. Jung)

"A ciência não pode solucionar o mistério último da natureza, e isso se deve a que, em última análise, nós mesmos somos parte do mistério que estamos tentando solucionar." (Max Planck)

Sobre a consciência? O que a ciência tem a dizer sobre ela? Afinal, a ciência materialista consegue explicar a consciência? Uma vez que a condição de consciência é um pressuposto básico e necessário para qualquer tipo de atividade científica, a ciência materialista tem muita dificuldade para apresentar explicações coerentes sobre o assunto, pois esse não é um "objeto" clássico de estudo científico.

Quem dentro das ciências seria especialista em consciência? Neurocientistas, psicólogos, psiquiatras, médicos, físicos, filósofos da mente? A primeira questão é que não existe um campo específico de estudo e uma boa explicação científica para a consciência, que é um dos maiores mistérios da natureza humana.

Por que somos conscientes? Afinal, quem sou eu? A maior parte das várias teorias materialistas propõe que a consciência é um fenômeno que emerge do cérebro. Uma delas, por exemplo, propõe que microtúbulos de proteína existentes na maioria das células, principalmente nos neurônios, processariam informações como se fossem incontáveis computadores trabalhando em conjunto e em paralelo, e seriam eles que gerariam a consciência, que seria, então, um fenômeno derivado do cérebro. Apesar da maquiagem, é a velha teoria de que a consciência vem da matéria. Outras teorias materialistas propõe a consciência vinda de estados mentais ou como uma ilusão e por aí vai.

Contrário a essa lógica, o neurocientista Stanislav Grof declara: *"A suposição de que a consciência é subproduto de processos materiais que ocorrem no cérebro tornou-se um dos dogmas metafísicos mais importantes do pensamento ocidental".*

Especialistas analisam aspectos importantes sobre a temática consciência e muitos aspectos apontam para grandes dificuldades a serem superadas por teorias que queiram explicar o porquê da consciência em termos materialistas. Fromm (1983), coloca a questão da continuidade da consciência individual: "Temos consciência da existência de um eu, de um âmago de nossa personalidade que é imutável e que persiste através de nossa vida, a despeito das circunstâncias variáveis, mudanças de sentimentos ou opiniões".

Chopra (2001), sugere a universalidade da consciência em todos os seres vivos. "A consciência não tem de ser necessariamente humana, ela parece permear todas formas de vida". George Wald, agraciado com o Prêmio Nobel Medicina em 1967, amplia a questão da universalidade da mente falando de uma consciência não localizada. *"Eu cheguei à conclusão que a mente não pode ser localizada"* e segue dizendo *"Ocorreu-me, devo confessar com um choque para minha sensibilidade científica - que a mente sempre existiu, é a mente que compõe o Universo físico e gera vida"* (WALD, 1984).

Em 1929, o físico Arthur Eddington já discutia a universalidade e a importância fundamental da consciência nas teorias físicas declarando: *"Reconhecendo que o mundo físico é inteiramente abstrato e dependente da consciência, nós reestabelecemos a consciência na posição fundamental de construção do mundo".* Cinquenta anos depois, o físico D'Espagnat (1979), num artigo intitulado "A teoria quântica e a realidade", reafirma que *"A doutrina de que o mundo é formado por objetos, cuja existência é independente da consciência, mostra-se em conflito com a mecânica quântica e com fatos estabelecidos pelos experimentos".* Avançando nessa linha de pensamento, o físico Amit Goswami, propõe em seus trabalhos que o Universo é autoconsciente, sendo permeado por uma *"consciência transcendental, fora do tempo e espaço, não local e presente em tudo".*

A dimensão universal da consciência humana é discutida por Guiton (1991) que declara. *"A física moderna deixa entrever que o espírito do homem emerge de profundezas que se situam bem além do nível do ego, quanto mais nos aprofundamos, mais nos aproximamos de um fundamento universal que une a matéria, a vida e a consciência".*

Espinosa (1999) fala da espiritualidade como elemento fundamental da consciência: *"Para nossa surpresa, a consciência espiritual vai revelar-se na base do inconsciente, numa profundidade ainda maior que o próprio inconsciente".* A esta base do inconsciente o neuropsiquiatra Victor Frankl chama de *espírito inconsciente ou inconsciente espiritual*. Grof corrobora esse ponto dizendo:

> Tornou-se óbvio que os seres humanos têm profunda necessidade de experiências transpessoais e estados de consciência que transcendam sua individualidade, para que sintam seu lugar num todo maior e eterno. Essa ânsia espiritual aparenta ser mais básica e compelidora que o impulso sexual e, se não for satisfeita, pode resultar em sérios distúrbios psicológicos.

O poeta Rabindranath Tagore apresenta a questão da consciência espiritual de outra maneira: *"Quando a consciência do homem fica restrita apenas a vizinhança imediata do seu eu humano, as raízes mais profundas da sua natureza não encontram solo permanente, seu espírito fica sempre à beira da inanição e, em lugar de uma saudável força, ele introduz como substituto doses de estimulantes".* E Stanislav Grof (1992) levanta a questão da dinâmica criativa da consciência, dizendo: *"A consciência não reflete o mundo objetivo de maneira passiva. Ela tem papel ativo na criação da própria realidade".*

Além desses pontos relevantes levantados por estes renomados pesquisadores, podemos considerar outros aspectos importantes da consciência. Por exemplo, é válido supor que a manifestação do mal se dá em um nível inferior de consciência e a manifestação do bem num nível superior, porém, a consciência pode desenvolver-se acima da dicotomia entre o bem e o mal, transcendendo-os.

Pelos pontos anteriormente levantados percebe-se que realmente surgem enormes desafios ao tentar elaborar qualquer teoria sobre a consciência, especialmente se forem adotadas as premissas materialistas. Mas como discuritam Jung e Pauli, apontando para uma possível superação do impasse: *"Físico e psíquico só podem ser aspectos complementares da mesma realidade"* (JUNG; PAULI, 1955).

Chopra faz uma analogia interessante entre a consciência e um campo semelhante a um campo elétrico ou magnético: *"Um campo de consciência flui dentro, no entorno e através de cada um de nós, uma parte desta consciência é localizada.*

A consciência parece ser um campo muito sutil, não só invisível, mas não necessitando de nenhuma energia". Ideia similar apresentada pelo poeta e artista plástico Chico Guil que diz: *"O meu eu não termina na pele, se estende pelo infinito".*

Limites? (Chico Guil)

As importantes questões que não são contempladas, ou dificilmente abordadas pelas principais teorias científicas materialistas, são melhor desenvolvidas e explicadas nas teorias científicas espiritualistas.

A consciência é o que torna uma pessoa única, diferente de qualquer outra, e que explica sua forma particular de reação ao presente. Segundo o *Gita*, a consciência é causada pela alma e existem, pelo menos, quatro aspectos da consciência individual, o campo da consciência (percepção), os objetos da consciência (pensamentos e sentimentos), a consciência como o experimentador e a consciência como o fundamento do ser também conhecida como a alma.

Herms Romijn, neurocientista holandês, citado por Chopra, argumenta que os modelos convencionais de cérebro não conseguem explicar as operações básicas da mente, particularmente a memória. Após comparar as principais teorias da mente, Romijn privilegia uma combinação da teoria quântica com o antigo *Vedanta* que, juntos, constituem uma forma de conceber uma mente universal que seja a origem de todos os pensamentos.

> O Universo é uma vasta matriz de informações, uma rede de interconexões infinitas autoconscientes. O campo da consciência pertence ao mesmo *continuum* do campo quântico. Cada fóton é dotado de uma espécie de consciência em certo grau; sabendo que são observados e de que maneira são observados. A maioria dos cientistas não concorda com esta opinião, mas é uma hipótese altamente provável. (BOGDANOV *et al.*, 1991)

> A consciência pode ser associada a todos os fenômenos quânticos...Já que todo evento é, em última instância, produto de um ou vários eventos quânticos, o Universo é habitado por um número quase ilimitado de entidades conscientes, discretas (no sentido matemático), geralmente não pensantes, que têm responsabilidade de fazer o Universo funcionar. (WALKER, 1970).

Muitos físicos defendem a ideia de que a consciência humana determina os eventos quânticos e o colapso da função de onda, chegando à conclusão de que o Universo só existe porque nós (seres humanos) o percebemos. Mas por que, então, o Universo não é diferente para cada pessoa? Ou, por que mais de uma pessoa percebe de maneira análoga um mesmo objeto existente? Que consciência é essa que dá a coerência, o *continuum* e a mesma percepção de "realidade" aos diferentes observadores? Segundo os Vedas, essa Superconsciência é Deus. Como diz Schrödinger, *"é a grande unidade da qual todos nos pertencemos, que em nossos dias o nome mais popular é Deus"*.

Nessa perspectiva, não há entre as coisas vivas e não vivas uma linha divisória, uma fronteira real, pois o Universo inteiro está vivo e interconectado através dos campos energéticos e de consciência, através da Superalma divina. É possível, portanto, falar de diferentes graus ou escalas de vida, do menos vivo até o mais vivo, em que o grau da consciência é a medida da vida. O máximo expoente de vida é a autorrealização quântica, o livre arbítrio quântico-humano para além do fundir-se no *continuum* energético da Consciência Universal, mas para o despertar na eternidade plena de amor pessoal com a pessoa de Deus, fonte desta Consciência Universal e substrato do mundo. Quanto maior a conexão com Ele, mais vida, quanto menor, menos vida.

Segundo os Vedas e muitos físicos e cientista modernos é a consciência e não a matéria, o fundamento do Universo. Assim, para vivermos plenamente no desafiador espírito científico da atualidade é necessário que o ser humano mude de direção na sua maneira de pensar e sentir, de produzir e se organizar, diminuindo a ênfase na atual cultura da matéria exterior e ampliando o cultivo da consciência interior.

DEUS E CIÊNCIA

Esse é um grande desafio para a humanidade. A criação de uma cultura de conexão e expansão da consciência, de busca pela autorrealização, de integração da razão com o sentimento e a intuição, de superação do ego, alienado pela busca insaciável de satisfação dos sentidos. Uma cultura de desenvolvimento da consciência de Deus é necessária e urgente, tanto individualmente quanto coletivamente.

Pode-se afirmar que a consciência, ao se libertar das amarras do espaço-tempo, da identificação restritiva com o corpo físico e com o ego racional, expande-se indefinidamente, passando, então, a englobar domínios cada vez mais amplos da realidade. No limite dessa expansão ela pode abarcar toda a criação, chegando a possibilidade até mesmo, de relacionar-se pessoalmente com a Fonte de onde Tudo emana. E esta possibilidade, segundo a descrição védica, é disponível a todos os seres humanos e deveria ser a meta das pessoas e da sociedade em geral.

"Vejo a consciência e a psique humanas como expressões e reflexos de uma inteligência cósmica que permeia todo o Universo e toda a existência. O homem é um campo ilimitado de consciência, transcendendo tempo, espaço, matéria e causalidade linear" (GROF, 1992). Um religar-se a essa inteligência cósmica causará, sem sombra de dúvidas, uma transformação revolucionária sem precedentes na história da humanidade. Se não assumir o seu papel essencial de consciência individual divina, por outro lado, os seres humanos levarão este mundo a uma situação caótica de crises cada vez mais profundas e perigosas.

Ao estudar alguns estados alterados de consciência, Stanislav Grof descobriu que é possível reviver fenômenos perinatais, que envolvem várias emoções e sensações primitivas, como ansiedade, fúria biológica, dor física, sufocação. Isso vem a corroborar a descrição védica do aspecto miserável do nascimento biológico. Ter de nascer, adoecer, envelhecer e morrer é característica intrínseca deste mundo de misérias. Mas a consciência não precisa ficar presa a esse ciclo infinito de nascimentos e mortes. Como somos filhos de Deus e divinos por constituição, temos a oportunidade, na forma de vida humana, de transcender este mundo e, solucionar definitivamente nossos problemas, voltando ao Supremo.

Sob esse prisma, a finalidade deste mundo é justamente não deixar que a consciência individual se acomode e fique alienada, mas por meio de suas conquistas e frustrações, possa continuar seu caminho de busca, descobrimento e realizações, até atingir o estado de plenitude humana, definido pelo grau de amor desenvolvido em relação a Deus. Pessoas inteligentes não precisam esperar pelo acontecimento das misérias deste mundo para só então aprender, pelo cansativo e sofrido método de tentativa e erro. Usando de verdadeira inteligência, podem solicitar a misericórdia divina de modo proativo, por meio dos caminhos espirituais apresentados pelas tradições religiosas e vivenciados pelos representantes fidedignos de Deus. Existem muitas literaturas sagradas explicando como chegar lá, e o exemplo de muitas grandes almas que mostraram como proceder.

A ciência de vanguarda está estudando os longos e profundos caminhos da inteligência humana e da consciência individual por trás dessa inteligência e também os campos de consciência divinos que permeiam todo o Universo. Devido a sua natureza, o caminho científico é longo, contraditório, incompleto, fragmentado, obscuro e avança lentamente. Mas neste campo, os caminhos espirituais, já foram explorados e iluminados por sábios e santos desde tempos remotos.

É desse ponto de partida, com essa clareza, que a religião védica estabelece o verdadeiro ser humano e a verdadeira inteligência. E é esse ser, pleno, claro, inquisitivo, consciente, que precisa fazer verdadeira ciência espiritual e perguntar-se, no aqui e no agora, sobre quem é Deus, sobre qual é o relacionamento da consciência individual com a Consciência Suprema e, dessa maneira, realizar o objetivo da vida humana.

Assim, o estudo da consciência desemboca em questões espirituais e espinhosas para a ciência resolver sozinha, com seu método limitado. Desse modo, sob a bandeira da consciência é possível uma aproximação da ciência com a religião e a filosofia. Como apontou Chardin (1999): *"Como acontece aos meridianos ao se aproximarem do pólo, Ciência, Filosofia e Religião convergem necessariamente nas vizinhanças do Todo"*. É na consciência que se reúne o paradoxo do infinito e do finito, do objetivo e do subjetivo, do condicionamento e da liberdade, do bem e do mal, fundindo tudo isto numa unidade que é o ser humano. É somente na consciência que uma síntese entre os fenômenos, religioso, científico e filosófico pode ser construída.

2. 7 Sobre a matéria e a energia

"O Universo físico moderno parece bem mais com um grande pensamento do que com uma máquina gigante." (James Hopwood Jeans)

"Não sabemos ainda o que é a energia, a única coisa que temos certeza é que ela se conserva." (Richard Feynman)

Os conhecimentos sobre a matéria parecem nos conduzir cientificamente à consciência, abrindo caminho para o espírito, a eternidade e a divindade imanente em tudo que observamos. *"Em vez de serem dois campos muito diferentes, com discretas delimitações, a consciência e a matéria acham-se engajadas numa dança constante, e suas atuações recíprocas formam e completam toda estrutura da existência"* (GROF, 1992). No domínio quântico, a "substância" do real não parece ser mais que uma nuvem de probabilidades, uma fumaça matemática, um vácuo dinâmico. Assim, a matéria aos olhos da ciência, se parece cada vez mais com algo espiritual.

Atualmente é consenso científico que a matéria tem características fundamentais que são duais, uma propriedade que enlaça o sujeito com o objeto, a partícula com a consciência. Esta duplicidade última da matéria nos aproxima do conceito védico de Deus como *Brahmajyoti* (campo energético total) e *Paramatma* (a consciência atômica localizada em cada partícula-onda) de Krishna, o Controlador Supremo. É esta interação entre o campo total e a consciência localizada de Deus que dá as características marginais do mundo material, em menor grau, e dos seres vivos, em maior grau. Esta marginalidade ou dualidade chega ao máximo de tensão na forma de vida humana, quando as pessoas podem optar por modos de vida mais voltados para a matéria ou para o espírito. E, assim como as principais literaturas sagradas da humanidade, os Vedas dizem que é no caminho espiritual que se encontra a chave para superar esta condição marginal e relativa do mundo e da vida humana, para podermos retornar ao Absoluto.

A natureza da matéria e da energia é uma questão que a ciência tem dificuldades em explicar sem apresentar hipóteses absurdas e muitas vezes contraditórias. Hoje se admite que a matéria, da qual o mundo material e o corpo dos seres vivos são constituídos, é energia condensada (luz aprisionada por campos) e que a energia pode ser transformada em matéria e vice-versa. Na física existem várias formulações que sugerem a equivalência entre massa (característica da matéria) e a energia. Para exemplificar, podemos citar duas equações famosas, a da equivalência de energia e massa proposta por Einstein, e a da energia potencial de um corpo num sistema mecânico newtoniano clássico.

$$E = m.\, c^2 \qquad E = m.\, g.\, \Delta h$$

Em que: m = massa do corpo.

c = velocidade da luz no meio.

g = aceleração da gravidade ou intensidade do campo gravitacional no referido ponto.

Δh = diferença de altura ou posição em um campo gravitacional.

Mas o que seria a energia? Normalmente, nas escolas se ensina uma definição circular dizendo que energia é a capacidade que um sistema tem de realizar trabalho. Essa proposição não explica nada uma vez que trabalho é uma forma de energia mecânica. Sabe-se que a energia é algo em trânsito, mas qual é a fonte última dessa energia que transita por nós o tempo todo?

Essa questão não tem uma resposta adequada na ciência. Sabe-se que a energia pode ser constituída de ondas eletromagnéticas que interagem umas com as outras, com a matéria e com os campos, e que tudo isso se relaciona de alguma forma com o observador. Porém, a fonte última da energia, o Energético Supremo, não é questionado nem estudado pela ciência. Por que será?

E o que é matéria? Bogdanov propõe que a realidade material resulta de uma ordem transcendente. A realidade na concepção tradicional comporta duas ideias fundamentais, a dos objetos sólidos e a do espaço vazio. No dia a dia, esses conceitos funcionam e integram nossa maneira de pensar e conhecer o mundo físico, formando uma espécie de "região de conceitos médios" onde o bom senso parece funcionar bem. Porém, no mundo do infinitamente pequeno, os conceitos médios e a "realidade" somem, pois, a matéria, na sua maior parte, é feita de vácuo, o átomo é feito de vácuo, o Universo todo é feito de vácuo, no entanto, qualquer grão de matéria contém bilhões de bilhões de átomos de vácuo. E como nos lembra Wolf (1982), o vácuo não é o nada. Essa perspectiva transforma tudo e todos num grande e profundo mistério.

O cientista químico Ilya Prigogine, laureado com o prêmio Nobel de Química em 1977, aponta para o seguinte fato. *"Os objetos fundamentais da física não são mais trajetórias ou funções de ondas, mas sim probabilidades"* (PRIGOGINE, 1996). Sobre essa questão o físico poeta declara:

INDETERMINAÇÃO (Luiz Fernando Pires - 2000)

Milhares de possibilidades
se somam
se subtraem
em um único caminho possível,
observável.

A realidade não visível
pelas limitações naturais
é superada
pela intuição da imaginação.

> O mergulho cada vez mais profundo,
> revela através de números frios
> a perfeição da organização
> entre a matéria inicial
> e o desejo divino final.

Tudo que é sólido desaparece em termos subatômicos. No nível quântico, o mundo material, como nossos sentidos nos mostram, deixam de existir, e em seu lugar, apenas vibrações invisíveis no vácuo, energia e consciência. A física do mundo subatômico nos mostrou que o átomo é quase só espaço vazio e o mundo se esquiva cada vez mais da compreensão científica.

Alguns dos conceitos mais elementares, estão intimamente relacionados a problemas que ultrapassam o domínio da ciência e da física. Bohr aponta a possibilidade de que o estado psicológico do observador, cujo conteúdo mental é invariavelmente alterado quando concentra a sua atenção em um ponto qualquer, pode afetar o comportamento da matéria nos fenômenos atômicos, e que certos processos atômicos poderiam estar sob influência da vontade. *"A mesma experimentação pode levar a registros diferentes numa espécie de 'escolha da natureza' entre as várias possibilidades possíveis"* (BOHR, 1954).

Guitton e Bogdanov, discutindo essas questões, apresentam o seguinte ponto de vista:

> Os físicos pensam que as partículas elementares, longe de serem objetos, são na realidade o resultado, sempre provisório, de interações incessantes entre campos imateriais, os campos físicos, assim não existe nada de estável, tudo está em movimento, o vácuo em movimento, ou melhor, campos quânticos em movimento; portanto estamos mergulhados no âmago de uma ilusão, uma perpétua alucinação que cobre a realidade com um véu. Uma realidade feita de espírito, que a nova física começa a compreender. (GUITTON *et al.*, 1992)

É nesse sentido que Sri Caitanya Mahaprabhu declarou há mais de 500 anos: *"Ó entidade viva, acorda do seu sonho de ilusão, pois estás dormindo no colo da bruxa Maya (ilusão)".* É como no conto Taoista do sábio chinês, na versão do poeta Raul Seixas (1980).

> *"Era uma vez um sábio chinês*
> *que um dia sonhou que era uma borboleta,*
> *voando nos campos, pousando nas flores,*

vivendo assim, um lindo sonho.

Até que um dia acordou e pro resto da vida uma dúvida lhe acompanhou,
se ele era um sábio chinês que sonhou que era uma borboleta
ou se era uma borboleta, sonhando que era um sábio chinês"

Analogamente, o homem está em dúvida se ele é material e sonhou que era espiritual ou se ele é um ser espiritual sonhando que é material. Em sua trama, o filme *Matrix* traz esse princípio de modo superficial e comercial, e mesmo assim deixou os materialistas em geral com a pulga atrás da orelha.

O físico Niels Bohr (1932) declara: *"O quantum de ação é um elemento sobre o qual não é possível uma explicação, assim como a vida nas ciências biológicas, deve ser considerada um fato elementar",* ou seja, a explicação científica materialista só vale a partir daí, do fato elementar. E o físico David Bohn (1986), refletindo sobre a matéria e a luz alerta: *"A matéria é luz consolidada, congelada, é energia, forma e estrutura. É o potencial de tudo. Para compreender a luz precisamos compreender melhor a estrutura subjacente ao tempo e ao espaço, porque a luz transcende o atual tempo-espaço e por isso nunca a compreenderemos perfeitamente"*

O poeta Rabindranath Tagore apresenta a surpreendente visão védica, convergente com as conclusões da física quântica: *"É através da Consciência de Deus que o Sol atrai a Terra; e é através da Consciência dEle que as ondas de luz são transmitidas pelo Universo".*

A nova física está chegando a essa analogia, milhares de anos depois da revelação védica, trazendo a hipótese de que o Universo é autoconsciente e que a consciência tem papel fundamental na estrutura do mundo material. Mas existem dificuldades práticas para que a ciência materialista hegemônica aceite as implicações que a nova perspectiva exige, por outro lado, a ciência e o conhecimento humano chegaram a tal maturidade que se tornou difícil não considerar a hipótese de Deus e do aspecto espiritual intrínseco em todas as coisas.

> Sabe-se que um elétron em algumas ocasiões é uma partícula, em outras, parece uma nuvem, ondulando como uma onda, capaz de mover-se em velocidades superiores à velocidade da luz. Sabe-se também que a interação entre dois elétrons ocorre instantaneamente, independentemente da distância entre esses elétrons. Portanto um mundo que corre para a frente no tempo como um relógio, um mundo que diz que a ação à distância, especialmente a ação instantânea a distância, não é possível, que diz que uma coisa não pode estar em dois ou mais lugares ao mesmo tempo – é uma ilusão do nosso

DEUS E CIÊNCIA

pensamento. No entanto, os paradoxos anteriores são explicáveis, e compreensíveis caso seja assumido que a consciência cria o mundo físico. Entendendo que a consciência é algo transcendental, fora do espaço-tempo, não local e que está em tudo. (WOLF, 2002).

Sobre matéria, energia e ordem, Bohn apresenta a seguinte argumentação:

A matéria não passa de uma minúscula onda num portentoso oceano de energia, embora dotada de relativa estabilidade e caráter manifesto, uma ordem explícita. Este oceano de energia por sua vez não está primordialmente no tempo e no espaço, mas numa ordem implícita. Em geral, a totalidade da ordem abrangente não pode se tornar manifesta para nós; somente um certo aspecto dela se manifesta a nós. Na ordem implícita, o que se torna visível é somente uma parte mínima da ordem abrangente. A ordem implícita é o fundo abrangente de nossa experiência física, psicológica e espiritual. Tal fonte reside numa dimensão ainda mais sutil, denominada, ordem superimplícita, mergulhando assim numa fonte infinita de várias-dimensões. A ordem superimplícita é o campo de superinformação da totalidade do Universo, que organiza os níveis implícito e explícito em várias estruturas e é capaz de provocar um tremendo desenvolvimento estrutural. Deste modo o pensamento e a consciência podem se estender a toda a natureza, até o nível do elétron" (BOHN, 1986).

Essa teoria apresentada por David Bohn, do oceano energético e os campos organizadores, tem uma grande afinidade com a Superconsciência descrita nos Vedas. O mundo material explícito, sustentado num oceano de energia *brahmajyoti* implícito, testemunhado e mantido por uma Superconsciência onisciente *Paramatma*, todos emanados de uma fonte controladora ainda anterior, a Suprema Mente pessoal de Deus, Krishna, que Bohn caracteriza como sendo a infinita fonte das várias dimensões.

O físico francês Alain Aspect constatou que existe uma correlação não local entre dois fótons, que se afastam em direções opostas. Em um experimento, toda vez que se mudava a polaridade de um deles, o outro "sabia" disso instantaneamentee reagia. Este é um resultado desconcertante para a ciência materialista.

A matéria parece ser composta de configurações ondulatórias que interferem com configurações de energia, dotada de um código, similar ao holograma, propagando-se incessantemente por todo o Universo. Assim, até um fóton, que é um pacote de ondas, parece conter, de alguma forma, a configuração do conjunto todo. Como consequência o que acontece em nosso corpo ou em nosso pequeno planeta está intimamente relacionado a todas as hierarquias e estruturas do Universo. Volta-se, assim, à imagem da totalidade divina num Universo sem descontinuidades e holisticamente ordenado. E retorna também a possibilidade de uma comunidade cósmica, com um Deus universal, pessoal e único que, apesar de suas infinitas possibilidades de manifestação, é a fonte estabilizadora de Tudo.

Efetivamente, a ciência não sabe qual é a natureza última da energia e da matéria e não consegue eliminar a necessidade de um observador para dar estabilidade e permanência aos fenômenos físicos. Se a ciência permanece ateísta é apenas por força do seu paradigma materialista, mas queira ou não precisará revisar seu método e fazer as importantes questões levantadas pela nova física.

Ao desmaterializar o conceito de matéria através de seus experimentos no mundo subatômico, os físicos ofereceram à humanidade, a esperança numa nova via filosófica na ciência, aberta à fusão entre a matéria e o espírito, o sujeito e o objeto, uma perspectiva que poderá permitir uma maior aproximação entre a ciência e a religião.

2. 8 Sobre o macrocosmo – Críticas a Stephen Hawking

"Do ponto de vista da filosofia positivista, não é possível determinar o que é real. Tudo o que se pode fazer é descobrir quais modelos matemáticos melhor descrevem o Universo em que vivemos." (Stephen Hawking)

"Nenhum caminho lógico leva às leis elementares. Seria antes exclusivamente uma intuição a se desenvolver, paralela à experiência." (Albert Einstein)

"O esforço para o conhecimento, no primeiro momento de nossas pesquisas, revela um ato de fé." (Albert Einstein)

O positivista Hawking, em seu livro *O Universo numa casca de noz*, afirma que o Universo não é estático, mas expansivo e pode conter uma pequena constante cosmológica. Mas o que é uma constante cosmológica se não uma maneira de controle? Um Universo não estacionário, cíclico, porém controlado, é exatamente o que propõe os antigos Vedas.

Hawking e Penrose (1996), dizem que a teoria da relatividade geral prevê um início do Universo material no Big Bang e, portanto, que o tempo tem um começo e, seguindo a mesma lógica, um fim. Isso, no entanto, não deixa de ser apenas uma suposição. Nossa crítica a Hawking se restringe ao ponto de que as suposições intuitivas de Hawking se apoiam em seu materialismo, visão de mundo que tende a se reproduzir nestes momentos intuitivos da elaboração de hipóteses. Como por exemplo, admitir a hipótese de uma consciência suprema, antropomorfizada ou não, quando se crê que a personalidade de Deus é algo impossível? Assim a afirmação de Hawking, quero compreender a mente de Deus, é muito parcial e nos parece mais um recurso retórico para vender livros do que uma investigação séria sobre a incompreensível, paradoxal e transcendental mente divina.

Segundo os Vedas, o Big Bang, ou um evento singular de manifestação cósmica, é apenas o início de um dos infinitos ciclos universais paralelos, cada um dentro de sua própria "casca de noz". Esses ciclos universais têm origem na respiração da figura cósmica de Deus, chamada de Maha Vishnu. Krishna, a Suprema Personalidade de Deus, fonte original da expansão *Maha Vishnu*, declara que estes Universos materiais ficam manifestos durante um dia de Brahma, por aproximadamente 45 bilhões de anos e depois ficam imanifestos num período de mesma duração, a noite de Brahma. Pode parecer fantástico, mas é uma revelação impressionante e coerente. A maneira como um evento destes aconteceu, a astrofísica pode avaliar, mas o funcionamento da mente de Deus? Neste assunto a metodologia científica indutiva e ascendente usada por Hawking é parcial, limitada e inadequada.

Esses movimentos cíclicos de manifestação e imanifestação material, descritos no *Srimad Bhagavatan*, formam um ciclo ainda maior, que coincide com duração da vida de cada um destes Brahmas, também chamados de engenheiros ou demiurgos dos Universos, com aproximadamente 311 trilhões de anos. No entanto, desprezando as declarações védicas, muitos cientistas declaram suas teorias especulativas, mas com que autoridade é possível alguém declarar, sem evidência alguma, o início ou final do Tempo eterno, como fez Hawking?

A conexão entre os vários Universos contidos em seus próprios invólucros, bem como os acontecimentos antes e depois de um desses ciclos cósmicos, ou dia de Brahma, parece ser o limite teórico da astrofísica atual, e tudo o que está além é tido como metafísica inaceitável. Mas Vishnu declara que esses Universos enclausurados em bolhas de sua respiração, provêm dEle e a Ele retornam no seu devido tempo.

A ciência fez um grande alarde ao derrotar a visão restrita e particular de Universo e cosmogêne descrita na Bíblia, por meio da geologia, da paleontologia e da astrofísica e, desse modo, generalizou a falsa ideia de que Deus não era mais necessário para a moderna visão científica de mundo. Mas poderá a ciência derrotar as revelações védicas? Como será possível algo ou alguém sair da nossa atual "casca de noz" para poder experimentar os Universos existentes nas demais cascas ou bolhas? Parece que a única coisa que a ciência materialista pode fazer hoje, é blefar, como faz Hawking com declarações do tipo. *"O tempo começou junto com o nosso Universo"*. Porém, longe de anular a cosmovisão revelada por Krishna a seus devotos, essas afirmações de cientistas como Hawking apenas a fortalecem.

Hawking declara: *"Penrose e eu, mostramos que a relatividade geral previa que o tempo não existiria dentro de um buraco negro, mas tanto o início como o fim do tempo são lugares onde as equações conhecidas não são válidas"*. Em seguida diz: *"Quem adota a posição positivista como eu, não consegue dizer o que o tempo realmente é"*.

Logo, se o cientista não sabe o que o tempo é, como pode concluir sobre o seu início ou sobre o seu fim? No entanto, Krishna declara enfaticamente no *Gita: "Eu sou o tempo eterno"*. Como, portanto, poderá o cientista conhecer a natureza final do tempo sem considerar a transcendência divina? Essa é realmente uma barreira intransponível aos positivistas. Dessa maneira, a melhor e mais ética posição de um cientista positivista sobre o assunto, deveria ser a proposta por Wittgenstein, respeitosamente se calar. Bhaktisidanta Sarasvati Thakura Prabhupada declara, sobre essa postura arrogante dos cientistas: *"Enquanto os empiristas reconhecem que nada sabem a respeito de Deus (e o tempo é um aspecto importante de Deus), e por isso não gostam de falar sobre Ele, por outro lado, a despeito de sua grande ignorância declarada, estão sempre ocupados em declará-lo como sendo uma Entidade impessoal ou inexistente"*.

Hawking explica que são desconhecidas as condições iniciais ou condições de contorno do Universo a partir das quais as leis físicas poderiam ser mais adequadamente ajustadas para descrever a evolução do Universo com o tempo. É uma espécie de problema circular. No entanto, Hawking assume uma condição *a priori*, a de que não existiriam limitantes ou condições determinantes para o início deste nosso Universo e que tempo e espaço são finitos. Mas essa ideia apresenta problemas:

- É simplificadora e reducionista, uma espécie de solução trivial. Despreza-se aquilo que não se conhece, assumindo-o como inexistente. Nesse caso, essa condição simplesmente propõe a exclusão de Deus, o Supremo Controlador.

- É incoerente. Transcrevendo Hawking ao tentar descrever o início do Universo dentro de uma superfície fechada, que ele fez analogia a uma casca de noz: *"Propomos a condição de inexistência de limite, em que o tempo e o espaço são finitos, formando uma superfície fechada sem contornos"*. Há incoerência lógica, pois a finitude é por si só uma limitação, logo, como podem inexistir limitações iniciais?

O problema básico da ideia de Hawking é muito simples, pois é da mesma natureza do erro científico discutido em capítulos anteriores: propor soluções iniciais, condições de contorno ou mesmo teorias, fundadas numa fé metafísica e especulativa, movido por uma expectativa positivista de entendimento do mundo, em sintonia com a maioria de cientistas adeptos ao paradigma materialista.

A dificuldade em manter a coerência aparece claramente, na proposta Hawkiniana com as condições iniciais do Big Bang. Se admitir que não existem condições iniciais, então o tempo teve um início, mas se admitir que haviam condições iniciais, então o tempo já existia. Um impasse paradoxal sem solução para a ciência materialista. Segue-se a impossibilidade de provar a hipótese que o tempo tem um início e, consequentemente deverá ter um final. E finalmente, a dificuldade em equacionar adequadamente a questão transcendental do tempo. Com todas estas limitações como seria possível invalidar a afirmativa históricamente revelada de Deus: "Eu sou o tempo eterno"? Nesse ponto, Hawking joga de maneira clássica, propõe uma teoria metafísica baseada em um paradigma materialista clássico e declara que sobre o infinito e o além, nada pode ser dito, pois, essa é uma questão que não pertence à ciência. Mas a bem da verdade, as condições iniciais da teoria de Hawking e o início ou não do tempo, também não pertencem à ciência.

Hawking e Hartle propõem um Universo materialmente autocontido, com as histórias do Universo em um tempo imaginário, formando superfícies autocontidas. Isso não tem nada de espantoso e parece estar muito próximo da verdade revelada, pois, os Universos materiais exalados da respiração de Maha Vishnu são todos autocontidos, fechados e inumeráveis. Porém, espantosa é a conclusão metafísica que esses cientistas tiram do modelo. Por ser autocontido, tudo no Universo é determinado pelas leis da ciência e por lançamentos de dados dentro dele, e concluem como Laplace, dizendo não haver a necessidade de nenhum controlador.

Uma questão interessante sobre este Universo autocontido pode ser levantada a partir da analogia com uma pessoa. A consciência da pessoa é autocontida pelo seu corpo ou não? Uma análise simplista diz que sim, mas estudos de psicologia profunda e neurociência, utilizando técnicas como a regressão e a hipnose, a análise de sonhos e relatos de experiências de quase morte, sugerem que a consciência individual transcende os limites do corpo da pessoa. Analogamente, o Universo, por conter consciência e seres autoconscientes, tem grande chance de não ser absolutamente autocontido.

A luz do conhecimento védico, o universo é materialmente autocontido e isolado, mas aberto para a divindade e para o ser individual eterno. A liberdade da autotranscendência existente no ser humano, que permite a ele sair deste mundo, é característica da misericórdia do Absoluto, tornando o Universo um sistema aberto. Para os Vedas o Universo é um sistema isolado e autocontido materialmente, mas não espiritualmente.

Vamos analisar outros pontos do discurso de Hawking. *"A matéria escura no Universo decorre dos indícios das observações cosmológicas que sugerem sua existência, para dar coerência a fatos como a velocidade de planetas e estrelas nas periferias de galáxias espirais"* (HAWKING, 2001). Esse é um exemplo claro da filosofia "Faça o que eu digo, mas não faça o que eu faço". Assim como Hawking, muitos cientistas usam a argumentação de que, pelos resultados indiretos deve-se acreditar nesta ou naquela entidade faltante, a matéria escura ou a energia escura, pois é uma questão de lógica. No entanto, rejeitam resultados indiretos ou argumentação análoga em relação à existência de Deus ou da alma.

A lógica dos indícios indiretos faz parte do processo de "fé e acreditar" dos cosmologistas materialistas. Por que, então, a enorme dificuldade em admitir a hipótese de um controle e um planejamento cosmológico supremo? A mesma fé que sugere a cientistas como Hawking a existência de uma matéria escura difícil de detectar, sugere a existência de Deus, também difícil de detectar. Um dos motivos pelo qual a fé teísta se justifica é, justamente, a observação dos efeitos indiretos nos sistemas materiais, que permitem aos cientistas teístas propor o princípio antrópico e intuir a presença divina, por exemplo.

Assim, pode-se concluir que, em um certo sentido, a hipótese Deus sempre será científica, apesar de não caber nas teses do empirismo. A fonte de inspiração das teorias e hipóteses científicas, como as hipóteses cosmológicas dos corpos escuros, é originária do campo da intuição, da subjetividade e da fé sadia. Esse aspecto da convicção intuitiva, apesar de ser usado constantemente pelos cientistas, como mostra a história da ciência, é paradoxalmente renegado pelo seu método. Assim muito do que é considerado científico se deve apenas a um acordo tácito entre a comunidade de cientistas. A ciência precisa necessariamente ampliar seu campo dialético para compreender melhor a dualidade básica matéria-espírito, sujeito-objeto, característica intrínseca deste mundo.

Porém, o processo de construção do conhecimento científico não termina aí, a construção das diversas teorias científicas aponta para o quê e para onde? Que horizonte se apresenta? Por que motivo, apesar de todo o avanço científico, a humanidade não conseguiu resolver nenhum dos seus problemas críticos, tais como as doenças, a velhice, o sofrimento e a morte dos seres vivos? O que mais falta descobrir para se avançar na solução desses problemas cruciais? Essas são as questões de pesquisa que realmente importam? Como disse Srila Prabhupada, *"Deus é o cientista Supremo"* esperando que a ciência se aproxime d'Ele por meio de um refinamento no seu método e nas suas motivações de estudo.

Krishna diz que os infinitos Universos materiais emanam de Seu corpo universal na forma de infinitas bolhas. Dentro de cada bolha há um Universo, que é manifestado quando Ele expira, e se tornam imanifestos quando Ele inspira. Cada ciclo desses dura bilhões de anos. É notável como hoje, os físicos materialistas propõem uma teoria de explicação do Universo muito semelhante a isso. Na teoria das branas, Hawking (2001) declara: *"O comportamento dos mundos-brana é semelhante a grandes bolhas de vapor em expansão na água fervente. O princípio da incerteza permitiria que mundos-brana aparecessem do "nada" como bolhas, com a brana formando a superfície da bolha e o interior sendo o espaço multidimensional"*

No seu livro, Universo em uma casca de noz, aparece a figura clássica de um Deus velhinho e barbudo, soprando um Universo bolha-brana. Ou seja, pela teoria, Hawking chega a um limite, além do qual também só resta Deus. Apesar de usar essa figura com ironia, sabe perfeitamente bem que não pode declarar nada a respeito de Deus, aquele que está para além dos mundos-bolhas-branas e de quem são feitos os próprios mundos-bolhas-branas, com tudo nele contido. Nessa teoria, a casca de noz, também chamada de brana, é o limite para a ciência e para a racionalidade humana.

Nos parece evidente que a fonte de inspiração para as teorias últimas da astrofísica e do microcosmo são inspiradas na cosmovisão védica. Corroborando o entendimento de que as declarações de Krishna não estão relacionadas a uma religião histórica e sectária qualquer, mas à essência do conhecimento sobre a natureza humana e o mundo. Krishna unifica, num contínuo coerente, orgânico e transcendente, a natureza, do micro e do macro mundo. Daí a importância de compreender as propostas apresentadas pelo Cientista Supremo e seus representantes fidedignos como Srila Prabhupada.

2. 9 Sobre o tempo, eternidade e ação divina

O tempo, como conceito compartilhado pela maioria dos cientistas, é um *continuun* entre o passado inacessível, o presente fugaz e real e o futuro vindouro. Para os teólogos, a eternidade é o tempo todo, cuja fonte é Deus. A eternidade está antes, acima e após o tempo do Universo. Quando Krishna declara *"Eu sou o Tempo Eterno"*, é esse o entendimento de tempo que se tem, sendo Krishna a fonte no passado e o destino futuro, rumo ao qual se movem todos os Universos.

Resumindo alguns versos do capítulo 11 do *Gita*, temos a seguinte imagem.

> Arjuna ao receber a graça dos olhos divinos transcendentais, pôde ver a maravilhosa Forma Universal de Deus, constituída de centenas de milhares de variadas formas divinas e multicoloridas. Refulgente como milhares de sóis este aspecto divino era ilimitado e não parava de expandir-se. Sem limites, começo, meio ou fim. Nesta forma terrível, Arjuna viu o presente, o passado e o futuro de milhares de mundos a serem engolidos e destruídos por ilimitadas bocas flamejantes e a refulgência divina cobrindo todo o Universo com raios abrasadores.

Einstein desafiou a noção clássica e senso comum de fluxo do tempo linear. Ele declarou que o tempo presente não é compartilhado universalmente e que o ritmo em que o tempo flui não é o mesmo para todos os observadores. Ao ler nas escrituras, um devoto entende que Krishna esteve executando seus passatempos transcendentais, como os apresentados neste planeta, no passado, mas, em algum lugar do Universo, exatamente neste instante, os mesmos passatempos de Krishna estão sendo realizados novamente. A característica dos passatempos da Suprema Personalidade de Deus, portanto, é que eles são eternos e estão dinamicamente interligados às escrituras sagradas reveladas, nas quais são descritas essas atividades prazerosas de Deus. Assim, as escrituras védicas, aparentemente estáticas enquanto relatos passados, na ótica materialista, mostram-se ao mesmo tempo dinâmicas e reveladoras de interconexões de caráter transcendental divino e absoluto aos buscadores devotados. Essa espécie de paradoxo é um aspecto que dificulta o entendimento comum sobre os passatempos do Senhor Krishna, no tempo cíclico-relativo e no tempo eterno.

Quanto à ação divina, segundo a tradição vaishnava, Deus manifesta o mundo material em ciclos. Dá aos mundos, uma estrutura racional e inteligível. A ciência é um meio racional usado pelos seres humanos para descobrir a estrutura divina e as leis divinas que regem a natureza material, também divina.

Este mundo material é perfeito em sua imperfeição, funcionando automaticamente. No entanto, Krishna pode usar de meios e processos específicos, com intenções especiais, de maneira completamente não previsível, para realizar seus infinitos passatempos transcendentais. Daí a dificuldade e a impossibilidade de se conhecer todas as atividades de Krishna.

A partir da nova física a ciência vem construindo uma visão não determinista da natureza, esta abertura permite ao menos teoricamente, a possibilidade da ação divina e da liberdade humana transcendente. Avanço filosófico importantíssimo, impossível de ser postulado no paradigma materialista.

Teólogos e cientistas teístas que estudam a ação de Deus no mundo, concordam que Deus deve atuar:

1. De baixo para cima, ou de dentro para fora; no microcosmo.

2. De cima para baixo, ou de fora para dentro; no macrocosmo.

3. De modo a causar efeitos do todo sobre as partes, no mundo todo, o tempo todo.

E, segundo o sagrado *Bhagavad Gita*, Krishna apresenta todos os atributos listados anteriormente, além de um aspecto pessoal último. Ou seja, a diversidade revelada da natureza divina de Krishna mostra que Ele pode atuar de forma imanente, onipresente e distribuir a graça divina. São estes aspectos divinos:

- A natureza *Brahmajyoti* impessoal de Krishna. É o aspecto de Deus como oceano energético contínuo, que liga toda a natureza universal entre si, que suporta todos os fenômenos físicos no microcosmo quântico subatômico, no mesocosmo e, também, no macrocosmo. Também conhecido como *Brahman* impessoal.

- A natureza da gigantesca da forma universal de Krishna ou *Maha Vishnu*. Atua de cima para baixo, ou de fora para dentro, é a forma sustentadora do macrocosmo e que garante a harmonia celestial.

- O aspecto *Paramatma* de Krishna, ou superalma. Penetra todos os átomos e corações, testemunhando. Atua de baixo para cima, ou de dentro para fora no mundo material, dando uma consciência divina para a matéria/energia e orientação para os seres vivos.

- O aspecto *Parabrahman* de Deus, ou Krishna em si. É a fonte de onde tudo emana, a fonte de todo o prazer, a fonte do amor e da misericórdia. É o aspecto mais secreto e sublime de Deus, e também o menos compreendido, apesar de ser amplamente divulgado pelas religiões monoteístas do planeta. É o Deus único, a Pessoalidade de Deus, fonte do contínuo oceano energético divino e de todas as expansões plenárias localizadas.

A atuação de Deus no mundo, no micro e no macrocosmo ininterruptamente, é condição importante e necessária para a coerência teológica atual, como reconhecem renomados estudiosos ocidentais. Convém reforçar que essa ação divina estruturada foi mostrada por Krishna no *Gita*. Este livro sagrado é um tesouro do conhecimento religioso universal que há milênios serve de guia seguro para a pesquisa da ação divina no mundo.

Após muita reflexão, alguns teólogos entendem que os acontecimentos da natureza passam a existir conforme as seguintes regras:

1. Deus "atrai" o acontecimento para o melhor futuro possível para todos.

2. O acontecimento é condensado, segundo as causas passadas.

3. O acontecimento não tem nada de originalmente novo, pois Deus tudo controla, mas pode ter alguma novidade, dependendo do intercâmbio amoroso da consciência humana com a Suprema Personalidade de Deus.

Estas regras de conduta divina também são declaradas nos Vedas, mas esta pródiga literatura sagrada mostra ainda que:

- Deus é o controlador supremo, protetor do planeta, dos princípios religiosos e dos seres vivos, especialmente os seres humanos e os bovinos.

- Deus esstabeleceu a lei espiritual da ação e reação, conhecida como lei do carma.

- Deus apresenta uma misericórdia especial para com seus devotos.

Muitas pessoas se perguntam: mas se Deus pode atuar no mundo, por que não atua para aliviar o sofrimento, curar doenças e salvar criaturas da morte e espécies da extinção? Esses são argumentos comumente usados por ateístas para dizer que Deus não existe: Se Deus designou o mundo, por que há tanto sofrimento nele? Deus seria, então, cruel?

Para melhor analisar essas questões, precisamos entender por que o mundo material existe e qual é a intenção revelada, o propósito divino na

DEUS E CIÊNCIA

manifestação do mundo material. A Bíblia traz a questão do propósito do mundo material, na história do paraíso perdido por Adão e Eva no livro de Gênesis. Nos Vedas, Krishna explica que existem dois mundos, o material e o espiritual, sendo que o mundo espiritual é muito maior e contém o mundo material. No mundo espiritual todos são perfeitamente conscientes e completamente dependentes do amor de Krishna e totalmente livres ao mesmo tempo, pois suas consciências podem se expandir amorosamente em Krishna e com Krishna, de forma ilimitada. E Krishna pode reciprocar esse amor num processo que se expande infinitamente. É da natureza do amor.

Por outro lado, uma forma possível de exercício da liberdade individual, mesmo no mundo espiritual, é o fato de a entidade viva eterna querer viver e ser independente de Krishna, tornando-se ela própria uma espécie de "deus". Mas como se diz na cultura sagrada do islamismo, "Deus é Um, sem um segundo". Ou seja, nessa perspectiva, a entidade viva se autoilude, criando condições favoráveis para uma pretensa existência "independente" do controle divino. Para satisfazer esse desejo da entidade viva, Deus manifesta os Universos materiais. Como uma das características admiráveis do mundo material é o fato de existirem leis e regras de funcionamento e como a dinâmica universal é quase automática, abre-se a possibilidade e a certeza do sofrimento para as entidades vivas, colocadas em uma condição de luta constante pela sobrevivência.

Assim, de maneira completamente amorosa e respeitando à vontade própria de seus filhos, Krishna cria um Universo prisão especial, uma espécie de casca de noz, lugar no qual é possível os seres viverem de forma "independente e esquecida" d'Ele, o controlador supremo. Mas Deus coloca neste mundo, também, a possibilidade do despertar e da superação dessa condição ilusória e miserável, permitindo e incentivando o retorno de seus filhos à plenitude espiritual.

No mundo material as leis físicas funcionam de maneira automática, sem a necessidade de nova sanção divina. Krishna pode mostrar a sua misericórdia especial, mas para isso é preciso um bom motivo para que Ele o faça. De modo geral, essas leis que regem o Universo já foram controladas e ajustadas e são preservadas, estabelecendo assim um sistema de justiça infalível e cego, que subjuga todas as coisas e seres do Universo material. Isso naturalmente leva ao sofrimento, mas com finalidade pedagógica. Daí vem o cármico ditado popular "A justiça divina tarda, mas não falha".

Uma pessoa pode pensar: "Eu vou saltar do alto de um edifício, mas vou pedir por uma intervenção divina e não vou cair. Vou desafiar a lei da gravidade, pois como Deus me ama, Ele me socorrerá. Qual seria o resultado desta experiência?" A quase que totalidade da probabilidade é dor, sofrimento e morte. O mundo material é assim, mas não podemos culpar Deus por causa da loucura de uma mente descontrolada e do ego humano inflado. Deus não é sujeito a chantagens e não é obrigado a se revelar a ninguém por mero capricho mesquinho, a menos que Ele próprio decida fazer algo.

O mundo material é uma grande prisão para os seres humanos, cujas grades são os limites da consciência da própria pessoa, neste cárcere o ser humano que quer ser Deus fica sujeito às impiedosas leis da energia material. A finalidade deste mundo, segundo se declara nos Vedas, é o de desenvolver a liberdade plena da consciência individual e coletiva, através do sublime processo de amar a Deus sobre todas as coisas. Para isso este mundo foi planejado.

Dor, sofrimento e morte são condições naturais no mundo material, lugar onde os seres espirituais eternos se encontram numa situação marginalizada, restritiva e finita. A condição de estar neste mundo, se deve basicamente a um desejo do próprio ser vivo individual eterno, o ser essencial, que busca experimentar independência, desfrute dos sentidos, controle e poder. A vinda a este mundo de misérias é consequência deste processo de alienação espiritual dos seres eternos. A vivência da dor, sofrimento e morte, é a colheita ou resultado de atos praticados anteriormente. Segundo os Vedas, estes atos podem ter sido feitos a pouco tempo ou em vidas anteriores e em passados longínquos. A lei do carma.

Mas alguém pode continuar se perguntando: por que existem essas leis tão rígidas? Na verdade, mesmo leis físicas não são tão rígidas assim, elas descrevem comportamentos "médios" que dependem muito das condições iniciais do sistema. Porém, a existência de leis traz muito mais benefícios do que incômodos, são núcleos organizadores e harmonizadores intrínsecos, necessários para o desenvolvimento do mundo e da humanidade, regras que obrigam o ser humano a aprender algo com a sua existência temporária. Já ouvimos muito dos mais velhos a prédica: "A vida ensina".

A condição de imputar penas e sofrimentos as pessoas é uma prática acordada em toda a sociedade humana. Por tras de todo sistema penal legítimo, a motivação última deveria ser o aprendizado e a recuperação dos seres aprisionados, o que nem sempre é possível. Esta condição existe também dentro de células sociais menores como a família, quando uma mãe ou um pai punem uma criança por ter, por exemplo, agredido um irmão menor, entendendo que esta é uma forma mais eficiente de reforço negativo que meras palavras. Assim, por que Deus, ao estabelecer este sistema penal universal não usaria deste método corretivo? As leis do carma e da natureza cumprem este papel.

Ainda sobre a questão da existência da dor e também do mal no mundo, um ponto que precisa ser levado em consideração é a escala de tempo em que se desenvolve o projeto pedagógico divino, para o ser humano eterno e para a humanidade como um todo. Assim, sob um olhar localizado e pontual, parecem existir crueldades divinas muito grandes no desenrolar desta ou daquela vida, especialmente se for assumida a hipótese de que a vida humana é uma só, ou apresenta apenas um ciclo.

Na perspectiva apresentada pelos Vedas, de inumeráveis ciclos de nascimentos e mortes, o sofrimento faz parte de um amargo remédio corretivo, mas que deve acelerar a purificação das consciências ao longo do tempo, até que elas estejam aptas, a voltar ao Supremo em Sua morada eterna original e posição constitucional. O retorno ao Paraíso perdido.

2. 10 Sobre Albert Einstein

"Em nossa época, instalada no materialismo, reconhece-se nos sábios escrupulosamente honestos os únicos espíritos profundamente religiosos. " (Albert Einstein)

Para Einstein, um Deus pessoal representaria um deus angústia, que recompensa e castiga, fantasma das relações humanas, como o pai, a mãe ou o chefe e, possivelmente, fruto da imaginação do homem. Einstein refuta a figura desse deus machista, paternalista, imparcial e muitas vezes cruel, mas aceita um Deus indeterminado, impessoal, difuso e cósmico, não vinculado a igreja, mas situado numa religião cósmica superior e universal. Essa postura de Einstein certamente é correta, mas relativa, pois, este aspecto de Deus sozinho, é parcial, limitado e imperfeito, apesar de ser perfeito e um todo completo ao mesmo tempo.

Estudando, esmiuçando, analisando, comparando e refletindo sobre o aspecto cósmico divino, Einstein chegou aos princípios universais que regem o espaço-tempo no macrocosmo material. Imerso em profundos estados meditativos sobre a natureza do tempo e do espaço, Einstein teve uma inspiração iluminada que o levou a declarar, "Deus não joga dados", quando debatia a aparente situação caótica e incerta existente no mundo quântico. A estrutura harmônica que ele visualizava no Universo, a beleza das leis da natureza, revelaram-no uma inteligência infinitamente superior que trabalha num nível de controle extremamente sutil. E este controle ele não enxergava no mundo quântico. No entanto, apesar de Einstein aceitar muitos dos aspectos universais de Deus, negou-lhe uma forma e uma personalidade, devido a crítica que tinha a um deus pessoal, limitado historicamente pela tradição judaico-cristã.

E por não ter realizado o aspecto *Paramatma* de Deus, a sutileza do controle subatômico lhe escapou.

É uma pena que Einstein não tivesse se aprofundado no *Vedanta*.

> O *Vedanta* trata de um tema que está além da visão dos fenômenos finitos. Os temas de que trata esta filosofia em particular não estão confinados a qualquer parte do espaço material, a qualquer porção de tempo definida ou a qualquer objeto de percepção sensorial e está além de qualquer substância do Universo. (Bhaktisidanta Sarasvati Thakura Prabhupada).

Se tivesse desenvolvido reflexões sobre o aspecto pessoal *Paramatma* de Deus, provavelmente Einstein teria avançado mais numa possível, mas improvável teoria de unificação dos campos.

Apesar da incrível profundidade a que Einstein chegou com sua teoria física do macrocosmo divino, não conseguiu compreender a aparente e paradoxal "falta" de controle no microcosmo, mostrado no debate que fez com a física quântica. *"Creio ainda na possibilidade de um modelo de realidade, uma teoria, que represente as coisas como elas são, e não apenas a probabilidade de sua existência".* A divergência sobre a natureza do microcosmo de Einstein com muitos físicos quânticos se deve à consideração a respeito da natureza da consciência que determina os eventos e as coisas, uma vez que esse Universo não pode mais ser considerado como material, pois não é mais construído de partículas materiais elementares. Mas, ao que tudo indica e Krishna confirma, o Universo é constituído basicamente de consciência divina, esta, sim, a entidade fundamental.

Que consciência sustenta as coisas e os fenômenos que nós percebemos? Poderia o homem alegar para si esse poder de consciência que mantém os fenômenos físicos? Por acaso, teria o homem a percepção do movimento eletrônico nas substâncias que o cercam? E do relacionamento entre elas no tempo-espaço? Seria muita pretensão até para o super-homem de Nietzsche ou para o super-homem da Marvel. No entanto, os objetos e os fenômenos existem e se mantêm por algum tempo antes de desaparecerem. De quem é essa consciência perfeita mantenedora? Essa consciência é Krishna, de quem se declara no *Sri Isopanisad*, mantra cinco.

Tad antar asya sarvasya tad u sarvasyasya bahyatah
"Deus está dentro de tudo e ao mesmo tempo fora de tudo"

Deus é o princípio unificador. Quando Einstein buscava a teoria de unificação dos campos ou teoria do Tudo, era Deus que ele procurava. Uma teoria que ligue todos os aspectos, do microcosmo com o macrocosmo, de forma harmônica, coerentemente, e funcional, só será possível caso essa teoria seja revelada e que nela apareçam os múltiplos aspectos de Deus. Se essa formulação for possível, precisará equacionar a consciência ou, os campos de consciência, integrando-a com os demais campos.

Einstein, parece-me, não pôde enxergar melhor o controle existente no micromundo porque justamente negligenciou os aspectos *Paramatma* e *Baghavan* de Deus. É mais simples para um cientista enxergar somente o aspecto impessoal de Deus, mas muito difícil de conceber e realizar o aspecto pessoal. Não é à toa que Krishna declara no *Gita*, 10. 36, respondendo a Arjuna e também a Einstein:

Dyutam chalayatam asmi
"De todas as trapaças, Eu sou a jogatina"

Ou seja, Deus não só joga dados, como é o dado e o próprio jogo de dados e sanciona todas as probabilidades existentes. Incluindo, também, aquelas nas quais as pessoas querem enganar e serem enganadas.

2. 11 Conclusões do capítulo

Verificando as omissões e os pressupostos metafísicos adotados nas principais hipóteses científicas das áreas consideradas de ponta na ciência, percebemos que a palavra ciência foi utilizada de modo abusivo por muitos pensadores e cientistas da modernidade, mascarando, de modo preconceituoso, a necessidade de Deus e sua ação no mundo.

No livro chamado *Brahma – Samhita*, declara-se que as entidades vivas, o espaço, o tempo e os elementos materiais (entre eles a energia), constituem a manifestação cósmica total, conhecida como *bhur bhuvah svah*, que é manifestada por Govinda (outro nome de Krishna). Ela floresce, apoiando-se em Govinda e, após a aniquilação, entra e é conservada em Govinda. Segundo a tradição védica, o senhor Brahma que é o ser divino intermediário que participa da criação material, exalta a Suprema Personalidade de Deus dizendo a primeira oração que se tem conhecimento neste Universo.

Govindam adi purushamtam aham bhajami
"Eu adoro Govinda, a personalidade original, a causa de todas as causas".

Assim, a verdadeira ciência, ao estudar profundamente os aspectos da manifestação cósmica, da energia, do tempo, da matéria, do espaço, da vida e da consciência, esbarra em seus limites teóricos com o conhecimento acerca do divino, mas como avançar? Não é tarefa simples conhecer profundamente a Deus, Krishna declara no *Gita* 7. 3:

> *Manusyanam sahasresu kascid yatati siddhaye*
> *uatatam api siddhanam kascin mam vetti tattvatah*
> "Dentre muitos milhares de pessoas, talvez haja uma que ser esforce para obter a perfeição,
> e dentre aqueles que alcançaram a perfeição, é difícil encontrar um só que Me conheça de verdade"

De modo geral, a humanidade se ocupa com as propensões animais, comer, dormir, defender-se e acasalar-se, e quase ninguém se interessa pelo conhecimento transcendental sobre o Absoluto. E, assim, torna-se, praticamente, impossível avançar no conhecimento de Deus. Como explica Prabhupada, é muito raro alguém que conheça Deus de um modo mais profundo, no entanto, o próprio Deus quer se revelar a alma rendida e dá as pistas de como ampliar essa compreensão sobre Ele, por meio da prática de processos espirituais, e da leitura e vivência das literaturas sagradas reveladas, autorizadas e fidedignas, como o Alcorão (o sagrado Livro de Recitações), a Bíblia (o sagrado Livro), a Torá (o sagrado Livro de Instruções), a *Bhagavad Gita* (A sagrada Canção do Supremo) e o *Srimad Bhagavatam* (O Livro de Deus).

Caso a ciência busque sinceramente conhecer as coisas também da perspectiva da espiritualidade precisará avançar por esses caminhos de conhecimento. E percebendo a manifestação cósmica completa, como o maravilhado Brahma a ciência poderá dizer: "Adoro a Deus, a personalidade original, a causa de todas as causas". Quando será que chegará esse dia? Quando voltarão os dias em que a ciência poderá maravilhar-se? O aspecto religioso da ciência está justamente na sua capacidade de maravilhar-se. Infelizmente, hoje em dia, essa capacidade de conectar-se e maravilhar-se com o profundo mistério está definhando, devido ao materialismo árido e bruto que levou as pessoas e a civilização a doença da loucura filosófica.

Hridayananda Das Goswami (1983) declara:

> É falso o conceito dos sociólogos modernos de que a sociedade deve funcionar sem valores, isto porque vivemos aceitando valores. O princípio fundamental da liberdade depende inteiramente de valores. O homem livre é o homem que obedece, que aceita valores positivos. Resta, portanto, estabelecermos valores espirituais na sociedade para que o homem goze da liberdade eterna.

3

FILOSOFIA MODERNA, METAFÍSICA E DEUS

"Deus amplia os limites da racionalidade humana, põe à sua disposição conhecimentos que ultrapassam a materialidade do mundo natural. Não se trata de uma filosofia da irracionalidade, mas de uma filosofia que busca, para além do aqui e agora, as verdades que estão para além da vida natural, aquelas que verdadeiramente dão sentido à vida humana." (Edith Stein, PhD e santa católica)

"As suposições filosóficas originais na qual a moderna visão secular do mundo se apoia, foram despedaçadas com bastante ironia, pela própria ciência." (PatrickGlynn)

"Na atualidade a própria filosofia tornou-se teoria da ciência empírica. Irracional devido a absolutização da razão. A filosofia se faz com uma racionalidade crítica, mas deve combater o racionalismo ideológico, caracterizado pelo dogmatismo racionalista." (Urbano Zilles)

"É a coragem de recomeçar tudo diante de cada questão que faz o filósofo." (Rollo May)

"O iluminismo de Voltaire, Rousseau, Kant, Newton e Laplace não é uma ruptura com o ethos cristão autêntico (o amor a Deus e ao homem). É uma tentativa de purificar a visão de mundo, de um cristianismo como poder que cometeu inconcebíveis asneiras que abalam a honestidade intelectual e a fé do homem. Purificar dos absurdos e fanatismos, talvez de um modo desencantado e não completamente crente num Deus pessoal, mas declaradamente teísta." (Cláudio Martelli)

"A filosofia contemporânea ocidental desenvolveu de forma radical e inevitável a fé na consciência de que não pode existir nenhuma verdade diversa do vir-a-ser, ou seja, da própria transformação da verdade." (Emanuele Severino)

Uma questão muito importante para a aproximação da filosofia védica com a filosofia ocidental é levantada na crítica que o filósofo italiano Emanuele Severino faz a filosofia ocidental. Ele nos alerta para a longa loucura filosófica ocidental em crer que as coisas nascem do nada e voltam ao nada. E diz que é uma questão lógica a eternidade dos seres vivos, sendo equivocado crer que o ser pode se tornar um nada. Esta posição filosófica absolutae eterna do ser é a posição védica, confirmada por Krishna no *Gita*. *"Não houve tempo algum em que Eu, você ou todos estes reis, deixamos de existir, caro Arjuna"* posição e bastante discutida nos trabalhos de Prabhupada.

Segundo Habermas (1988),

> [...] é através da razão que se formará a sociedade totalmente livre, uma modernização no sentido de funcionalismo sócio--científico, que superará as visões restritas com vistas a superar as patologias da modernidade. Usando o poder emancipador da razão fundamentada na linguagem e na comunicação em contrapartida a razão reducionista técnico-instrumental. A modernidade está apoiada na razão, que tem a pretensão de libertar os seres humanos de mitos, medos da dominação e da manipulação.

Vamos discutir um pouco esse elogio à razão e a pretensão libertadora encontrada em Habermas e também em muitos outros filósofos materialistas. Em sua teoria, o filósofo pragmático Habermas procura usar o movimento histórico, o bom senso, o diálogo, a comunicação democrática, racional e dialética. Aparentemente, uma proposta provável para se atingir a sociedade totalmente livre e superar as patologias da modernidade como a injustiça. Porém, já tivemos muitas experiências desse tipo de solução, mas apenas o uso estritamente da razão não nos levou a um mundo melhor. A solução efetiva dos problemas existenciais e sociais não será alcançada sem trazer junto com a razão, o espiritualismo dialético, pois, como afirma Kant, *"através da razão nunca se poderá chegar a transcendência"* e consequentemente a Deus, o transcendente imanente. E, sem Deus e sem transcendência, não é possível um mundo mais belo, harmônico, justo ou melhor.

Queiroz e Sales (1995) comentam a esse respeito:

> Na racionalidade científica moderna, a razão tornou-se o sujeito do conhecimento. A emergência da razão como apropriadora do mundo e das coisas deslocou o mundo da sua antiga ordem preestabelecida e, com isso, fez desaparecer toda a verdade objetiva na qual o intelecto e a emoção humana podiam agarrar-se. O único eixo passou a ser o próprio pensamento. Sem Deus e sem uma realidade última a ser conhecida, cada vez mais o mundo, visto pelo pensamento científico, passou a ser um projeto que se constrói a si mesmo a partir de suas próprias leis. A sensibilidade, as emoções e a intuição foram desqualificados como irrelevantes ou incognoscíveis. Isto levou-nos ao mundo em que vivemos, repletos de conflitos incessantes gerados em grande parte pela intolerância e desrespeito à individualidade.

DEUS E CIÊNCIA

Fazendo uso efetivo da razão comunicativa proposta por Habermas, a humanidade poderá, eventualmente, superar algumas patologias da modernidade, mas não se libertar totalmente, como pretendem os filósofos da escola de Frankfurt. Mesmo com o pleno uso da razão participativa, a humanidade pode cair em contradições e caminhos totalitários terríveis, pois continua sem o compromisso explícito e vital com o *summum bonum*. O filósofo Rudolf Steiner, abordando a questão da liberdade, tem uma visão muito peculiar, análoga a visão védica, para ele, *"o homem, na qualidade de indivíduo, torna-se senhor de seu destino, desde que desperto para a consciência de ser, ele próprio, autodeterminado e potencialmente livre. O ser humano e a humanidade pertencem a uma realidade metafísica que é a única a poder conferir-lhes a possibilidade de ser totalmente livre"* (STEINER, 1918).

Sobre esse mesmo tema, o poeta Rabindranath Tagore escreveu.

> *Essencialmente o homem*
> *não é escravo nem de si mesmo nem do mundo;*
> *ele é um amante.*
> *Sua liberdade e realização residem no amor,*
> *que é outro nome para a compreensão perfeita.*

É por isso que a vida se realiza no amor a Deus, o máximo expoente de liberdade da consciência pessoal e coletiva. Mateus (22:37) relata que Jesus estabelece esse ponto como o principal mandamento cristão. *"Amarás ao Senhor teu Deus de todo o teu coração, de toda a tua alma, e de todo o teu entendimento"*. Também segundo o *Gita*, essa é a verdade que liberta.

Podemos postular sobre a natureza da liberdade do ser humano, tomando como partida o estudo da natureza material, como fez Prigogine que apresentou a questão da seguinte maneira: *"Como há liberdade na natureza, há possibilidade de uma liberdade interior que o homem pode experimentar"*. Prigogine (2002). Mas pode a filosofia falar conclusivamente sobre quem é, ou o que é o ser humano livre, sem considerar a relação deste com o Todo? Ou mesmo, dizer algo sobre quem ou o que é o Todo Absoluto? Deveria, mas a filosofia ocidental se viu presa as doutrinas científicas e ao experimentalismo que a prendem, limitando-a ao domínio do material. A modernidade desvalorizou o aspecto metafísico dos seres vivos e do mundo, porém não os invalidou. Essa desvalorização foi reforçada pela cultura da especialidade científica e do cientificismo, mas conceitos como: vida transcendental, consciência divina, sacralidade do mundo e o Todo Absoluto, permanecem, pois tem luz própria e parecem autoevidentes a grande maioria das pessoas.

Como já argumentamos, na base da ciência sempre encontramos questões metafísicas e de fé; assim também ocorre na filosofia, em que existe a famosa "fé filosófica". É a fé de que a racionalidade é possível, os critérios são válidos, os sinais linguísticos e seus significados são fundamentos sólidos para designar a realidade, a representação mental que temos dos sinais vindos do mundo material são representações da realidade etc. Os filósofos têm fé nisto, mas não naquilo, um diz desta forma, enquanto o outro de forma contrária. O fato é que os filósofos ocidentais sempre foram ótimos em racionalizar sobre as dualidades, mas péssimos em racionalizar sobre o Absoluto. E tudo aquilo que transcendente ao racionalismo, ao dualismo e à fé filosófica, mas que permanece como o mistério do divino e do humano, é simplesmente abandonado pela filosofia e deixado para as religiões.

A metafísica ancorada na dimensão religiosa profunda, aquela que vive a relação amorosa da autoconsciência individual com a Consciência Suprema, contínua e infinita, essa dimensão ultrapassa ao largo a racionalidade e a metafísica filosófica-científica pós-moderna. Como nos lembra o filósofo francês Jean Guitton: *"O incognoscível está no âmago do procedimento científico, por isso a nova física leva a metafísica e a física quântica toca de modo surpreendente na transcendência"* (GUITTON *et al.*, 1991).

Conta a história que o livro sagrado *Srimad Bhagavatam*, considerado a joia madura do conhecimento védico, foi declarado durante um encontro de sábios santos, buscadores da verdade, na antiga Índia há 5. 000 anos atrás. Esse livro sagrado, conhecido como O Livro de Deus, relata as dúvidas de um rei santo que sabia que morreria dentro de uma semana e as respostas dadas a ele e aos demais, por Śukadeva Gosvāmī, um elevado mestre espiritual representante de Deus, e eleito para tal tarefa na própria assembléia de homens santos.

Este é um exemplo sublime do agir comunicativo transcendental. O contexto da reflexão lança aqueles que refletem existencialmente sobre si mesmos, tendo Deus como a testemunha que precede a autoconsciência e a orientação de uma alma autorrealizada, o mestre espiritual. Este é um tema atualíssimo na discussão da consciência na pós-modernidade e já apresentado nos Vedas há milênios. Uma literatura que traz discussões atuais na pós-contemporaneidade e apresentado em tempos anteriores a Sócrates. A intelectualidade ocidental ainda não entendeu o verdadeiro espírito do *Bhagavad Gita*, do *Bhagavatam* e de outras escrituras sagradas védicas, como o *Vedanta*. Logo, é urgente assimilarmos, no Ocidente, a filosofia e a linguagem apresentada nas reflexões védicas, considerada mais adequada e conveniente ao desenvolvimento espiritual humano e ao desenvolvimento efetivo da sociedade da vida. Pois, a carência dessa linguagem e dessa filosofia no mundo é grande.

Filosofia sem Deus acaba sendo especulação que pode desorientar, portanto, a solução precisa ser radical. Existe a necessidade de trazer Deus para a filosofia, para a ciência, para a tecnologia e para a sociedade tecnológica, pois, é impossível a construção de uma sociedade ideal, boa, igualitária, livre, justa, enfim, um "reino de Deus", como propõe Habermas, sem a figura do rei.

Os filósofos pós-modernos, devido ao relativismo, ao materialismo, ao hedonismo, ao egoísmo, ao cientificismo e, principalmente, devido ao ateísmo, não conseguem justificar de maneira sólida e coerente um apelo a uma visão moral de mundo, não conseguem apresentar uma perspectiva moral para o homem e para a humanidade. Esse "relativismo absoluto", essa falta de referência na bondade, é o estrago que a filosofia ateísta provocou e continua provocando no mundo, ampliando a loucura filosófica humana.

A contradição enorme é que fatos históricos cruéis, como os massacres executados por Stalin ou a tentativa de extermínio de raças ditas inferiores, como ciganos e eslavos, por Hitler, que se dizia cristão e crente em Deus, ou, ainda, o racismo derivado do darwinismo social, puderam ser apresentados como tentativas racionalmente válidas e justificadas, de caráter científico-filosófico, para melhorar o mundo.

A visão moral da filosofia materialista contemporânea é, num certo sentido, hipócrita, apresentando um discurso duplo e muitas vezes incoerente, muito comum na política. Na fala caricatural de um indígena norte americano, *"Cara pálida fala com língua dupla"*, resumiria bem a questão. A promessa é uma, a prática é outra. Os filósofos beneficiam-se de algumas ideias e princípios provenientes da filosofia espiritual, tais como a solidariedade, o bem comum, a moralidade, a igualdade essencial dos seres, a liberdade, para, em seguida, declarar que, por serem relativos, esses valores não existem, pois, dependendo do ponto de vista poderiam significar algo completamente distinto.

Este relativismo filosófico torna-se mais hipócrita ainda quando exalta o homem como centro e fim da filosofia, não só desvinculando-o e alienando-o do divino, mas justificando o uso e abuso humano contra o planeta e todas as demais espécies de seres vivos do planeta. Apesar da existência de inúmeros movimentos filosóficos no ocidente, nenhum até agora tomou partido da libertação animal. Assim parece justificada, a luz da filosofia contemporânea, a matança indiscriminada de bilhões de animais por ano, pela indústria da carne, apenas para a satisfação do paladar humano.

A atualidade filosófica ocidental está ancorada no modo científico de interpretação da realidade. Assim como os cientistas e a ciência vislumbram a hipótese Deus, os filósofos vislumbram o divino que permanece e retorna, mas esbarram na dificuldade em equacionar as dualidades deste mundo e em se libertarem do modelo cientificista hegemônico no movimento filosófico ocidental recente. Além disso existe o orgulho filosófico ocidental. A solução espiritual para reduzir este orgulho é um retorno as origens da filosofia ocidental, ao filosofar pré-socrático que perguntava sobre o Absoluto, a proposição do *Vedanta*, *"então questionemos sobre a realidade última".* Ao diminuir o orgulho filosófico é possível ter acesso à realidade de modo mais livre e amplo. A pergunta de um milhão é: como fazer este abrandamento num mundo tão ansioso, frenético e impessoal como é o mundo atual?

Srila Prabhupada trouxe ao Ocidente uma proposta, um movimento de terapia filosófica religiosa que busca ensinar a viver o mandamento religioso magno, conhecer e amar a Deus, ou como ele definia, um Movimento para atingir a Consciência de Krishna, eliminando o falso orgulho pelas práticas de vida simples e pensamento elevado, baseado nos ensinamentos do *Gita* e do *Vedanta*. Evidentemente, existem outros processos, mas aqui pretendemos discutir essa terapia filosófica védica como parte da solução filosófica para o mundo atual.

As proposições da ciência se aproximam de forma fragmentada da realidade, devido inicialmente aos fracos e obscuros postulados metafísicos que suas principais teorias propõem, e também devido a natureza de seu método de pesquisa que vai acumulando verdades parciais e relativas. Por outro lado, a hipótese de Deus (o Todo completo, a Fonte de da qual Tudo emana, a Consciência Suprema) sempre foi e continua sendo uma presença muito forte e autoevidente dentro dos diferentes campos de conhecimento. Como diria Pascal. *"Deus é um princípio que se impõe por ter clareza e luz própria, cujo conceito é de natureza intuitiva e semelhante para todos os homens".* Além disso, as novas fronteiras da ciência atual parecem indicar que a figura de Deus volta a ser condição fundamental e necessária para a existência e a manutenção de tudo o que conhecemos inclusive a racionalidade científica e filosófica.

Na filosofia ocidental sempre houve uma linha idealista que propunha que a realidade vinha do mundo das ideias, conceito defendido por Platão, mas que é muito anterior aos gregos, proposto na sua forma absoluta nos Vedas antigos. Na tradição *Vedanta*, o real permanente não é o mundo relativo das ideias com sua subjetividade, mas o mundo espiritual absoluto, que envolve todo o mundo material, dual, relativo e temporário. Apesar da existência da linha idealista relativista na filosofia ocidental, o conceito filosófico que mais reflete o espírito da era científica é o materialismo, miilista e hedonista, racionalista e ateísta, que tem produzido e distribuído para a sociedade o veneno de conceitos enganosos que nos levaram a um mundo sem encanto, sem sentido, sem solidariedade. O caminho materialista que orientou a busca pelo conhecimento científico moderno trouxe muito avanço tecnológico, mas produziu também uma crise sem precedentes que pode pôr fim à existência da humanidade e da vida neste planeta.

As pesquisas sobre a natureza última da matéria, da energia, da vida, da consciência e do Universo, colocam para a ciência questões metafísicas radicalmente diferentes daquelas que a ciência ateísta e relativista se apoiava até pouco tempo atrás. Ao que tudo indica, atualmente, a melhor explicação para a realidade está baseada na metafísica do espiritualismo teísta, historicamente proposto e defendido pelas religiões monoteístas, especialmente a religião eterna do *Sanathana Dharma* vedantista.

Os pragmáticos filósofos contemporâneos pensam o conhecimento especialmente a partir dos resultados científicos. Com a radical metafísica provocada pela física pós-moderna, os caminhos filosóficos do ocidente precisam ser repensados e revisados e isso ainda não foi feito adequadamente. O abrupto afastamento da ciência e da filosofia ocidental em relação à religião, ocorrido nos últimos séculos, parece ter passado por um ponto de inflexão, a partir das implicações causadas pela física quântica. O movimento de afastamento capitaneado pela ciência e que levou a reboque a filosofia, parece ter mudado na direção de uma aproximação com a religião.

Esse movimento de aproximação pode resultar num ponto de convergência entre religiões, ciências e filosofias e posteriormente resultar numa ciência-filosófica-religiosa, unificando os campos de estudo? Evidentemente, isso não vai ocorrer, pois são áreas distintas do conhecimento humano e cada uma tem seu respectivo método de trabalho. O que precisa ocorrer, no entanto, é uma maior comunicação empatica entre elas, para poder visualizar possíveis caminhos de ação integrada, através da dialética espiritual e do agir comunicativo. Isso exige muita conversa para acertar compromissos, adotar metas, valores e princípios tais como: a valorização de toda forma de vida, a não violência, o reconhecimento de que não existem no final das contas propriedades materiais permanentes, que todos seres vivos são espiritualmente iguais e irmãos, inclusive plantas e animais, a continuidade do princípio vital e a eternidade do ser, que tudo o que existe está de alguma forma ligado e faz parte de um contínuo energético divino. Esses e outros princípios semelhantes, fazem parte do caminho para uma verdadeira cultura de paz e precisam ser desenvolvidos, ensinados e observados, durante todo o processo de produção do conhecimento humano.

3. 1 O ateísmo filosófico e científico

"O ateísmo é uma muleta para as mentes mais vaidosas do mundo." (Hridayananda Das Goswami)

"Nossa modernidade, cansada de liberdade, está disposta a aceitar o lixo da ciência como breviário moral."(Contardo Calligaris)

"A ascensão do mecanicismo caminhou de mãos dadas com a decadência da fé religiosa entre os intelectuais. A medida que se ampliava a explicação mecanicista do mundo, aos poucos sobrava menos espaço para Deus." (Patrick Glynn)

A ciência ocidental nasceu do conhecimento filosófico e religioso, mas trazia dentro de si mesma uma ânsia e um desejo profundo de libertar-se da religião e, principalmente, da igreja. Esse objetivo foi sendo conquistado com os resultados obtidos com o método científico que levou ao experimentalismo, e com a adoção das premissas materialistas. Dessa maneira, o conhecimento científico se afastava cada vez mais da vertente do conhecimento religioso e a ciência passou a não mais discutir Deus. Efetivamente, o fenômeno divino nunca foi o foco de atenção da ciência, desde sua origem.

Com a argumentação filosófica de Feuerbach e depois Wittgenstein, a ciência declara que não pretende, não pode e não deveria falar sobre Deus. Adota-se o conceito do Deus vazio ao invés do Deus Pleno. O entendimento comum era que o assunto do divino, além de ser absurdo, levaria as pessoas ao fanatismo, à alienação e à resignação. Apesar de serem argumentos tendenciosos e enganadores que podem ser questionados e refutados, serviram para cientistas justificarem uma postura dogmática e preconceituosa no meio científico por muito tempo, ampliando o ateísmo no mundo todo, especialmente, no mundo acadêmico e tecnológico.

A filosofia da religião não fundamenta nem inventa a religião, mas tenta esclarecê-la. O que é verdadeiramente religioso? Para chegar ao âmago da questão é necessário procurar pela essência do fenômeno religioso e separar os aspectos culturais, folclóricos, sociais e dogmáticos das tradições religiosas.

A questão da essência religiosa toca a pessoa como um todo e reflete o sentido último do ser humano, do mundo e da ânsia da conexão com a plenitude divina e com a pessoa amorosa de Deus. O ser humano sabe-se, inicialmente, devido a uma certeza intuitiva profunda, relacionado e determinado por algo que é maior que ele mesmo. Algo como a certeza que o bebê tem em relação a sua mãe. A existência religiosa dos seres humanos se constitui a partir do fenômeno divino, imanente e transcendente. A princípio, essa transcendência parece se opor à filosofia, levando a uma teosofia, no entanto, o humano e sua consciência são também transcendentes por constituição, assim como o fenômeno religioso na sua universalidade e, portanto, objetos de estudo legítimos para a filosofia.

Filosoficamente, a totalidade material é pensada exclusivamente a partir de diferentes perspectivas: da "objetividade"do mundo material, da subjetividade do ser pensante e da ação objetiva do ser humano no mundo, como fez o humanismo materialista. Mas, na transcendência, fundem-se os conceitos de objetividade e subjetividade, de causa e efeito, ameaçando a fé filosófica na razão e na inteligibilidade do mundo. Parece aos filósofos que, se o ser humano e o mundo se mostrarem transcendentais, deixam de ser razoáveis. Evidentemente, não é assim, a lógica filosófica muda, precisando agora ser repensada a partir do divino.

Na ciência recente do mundo microscópico, parece haver essa fusão do sujeito com o objeto que apontam para a transcendência. As características da consciência e da vida, sugerem uma transcendência, até os ciclos cósmicos parecem sugerir uma transcendência e isso tudo tem abalado as estruturas do método científico tradicional, como discutimos anteriormente. O ser humano é transcendental, mas ambíguo, pois, como descrevem os Vedas está numa situação marginal, numa interface entre a matéria e o espírito, podendo permanecer infinitamente nessa condição de ambiguidade, devido ao forte condicionamento causado pelo ambiente material e pela identificação filosófica com a matéria, condição chamada de falso ego.

O mundo material é tido como objetivo pelos filósofos materialistas, mas contém em si elementos subjetivos e transcendentes que o constituem e definem. Afinal, o mundo, mesmo segundo a cosmovisão científica materialista, parece estar vivo, pois, nasce, cresce, morre, volta a se manifestar e retornar ao imanifesto e assim por diante. Segundo os Vedas, é efetivamente um Universo vivo e consciente, pois, a sua fonte original é viva e consciente, trazendo escondida dentro dele mesmo a transcendência.

Devido a sua natureza transcendente, o ser humano está num processo de evolução da consciência e pode desenvolver relacionamentos transcendentais, no campo da consciência, com outros seres vivos, com Deus e com o Universo como um todo, tendo como base a energia divina universal e unificadora.

O pensar filosófico pode ser uma forma da libertação humana, para além das dualidades materialistas, pois pode pensar o mundo e o homem de forma espiritual e absoluta, única possibilidade para a verdadeira liberdade.

O pensar filosófico espiritualizado busca o ser essencial, exige as verdadeiras relações, procura os valores absolutos e as regras de ouro, portanto, a filosofia espiritual não termina nunca, pois, leva a transformação do mundo e ao manancial do amor transcendente que, além de inesgotável, realimenta a relação indefinidamente, ao que Hegel diz: *"A religião e a filosofia tem em comum a busca da verdade, enquanto Deus, e somente Deus, é a verdade"*. Por outro lado, a filosofia materialista está amarrada à ciência e à técnica, as quais dão ao homem um senhorio sobre as coisas para sua manipulação e planejamento racional, mas produzem um mundo hominizado e secularizado, despido dos vestígios de Deus.

É urgente uma reformulação filosófica que traga Deus e a transcendência para seu campo de estudos, para então ser possível a necessária revolução espiritual que poderá impedir ou amenizar o desastre civilizatório futuro, como aponta Zilles (1992): *"A revolução acontecerá quando o verdadeiro ser humano for agente da história"*.

De modo geral, a filosofia tem uma ideologia, uma cosmovisão, assim como, a ciência e a religião. Mas a filosofia moderna ocidental, baseada nos filósofos materialistas importantes, substituiu o tema Deus pelo tema homem, buscando o rompimento drástico com as mágicas, supersticiosas e engessadas estruturas religiosas medievais. A ênfase filosófica passou então para o ideal da certeza matemática e do experimentalismo científico, porém, temos convicção de que essas certezas não existem mais, como mostraram os trabalhos dos matemáticos Gödel, Russel e Whitehead e do químico Prigogine que estudando o caos, o tempo e a natureza, sugere o fim das certezas na ciência.

Glynn explica que em seu tempo, Nietzsche, Russel, Freud, Marx, estavam convencidos de que a visão mecanicista do Cosmo consistia na última palavra e jamais esperavam que o próprio modelo mecanicista poderia ser subvertido. A posição ateísta era, Deus aparentava estar morto e se presumia que a crença religiosa tinha se tornado impossível para seres humanos racionais na era moderna. Na visão freudiana, muito comum e disseminada entre os pensadores da época, Deus era considerado ser mitológico, fruto da ignorância e ingenuidade de nossos antepassados, uma extensão do mito paterno, inventado para ajudá-los a lidar com dificuldades da sobrevivência. Em outras palavras, uma ficção humana. No entanto, no mundo pós-contemporâneo os cientistas, falam na "morte do materialismo e no reencantamento da vida humana", em "Universos autoconscientes" e por aí vai. Srila Hridayananda Das Goswami (1983), diz:

> Assim como uma criança que confia nos pais têm a ousadia de sair e fazer travessuras porque sabe que seus pais sempre hão de protegê-la, os pensadores dos séculos XVIII e XIX, tais como Marx e Freud, ousaram falar de – um mundo sem

DEUS E CIÊNCIA

Deus, que Deus não é necessário – posto que viviam em uma sociedade que tinha por base a fé em Deus. Mas agora que estamos nos confrontando com um mundo sem Deus, os horizontes são trágicos.

3. 2 Comentários sobre alguns filósofos

Diferente dos filósofos ocidentais, para os quais a filosofia é, muitas vezes, um jogo intelectual especulativo, para os seguidores dos Vedas a filosofia é um modo de viver e morrer. Enquanto filósofos ocidentais modernos afirmam que o homem é a medida de todas as coisas neste mundo físico e humano, Srila Prabhupada nos apresenta o caminho védico, no qual o Conhecimento Absoluto pode ser exercitado no dia a dia, momento a momento, pela conexão constante com Deus, Krishna, Ele, sim, fonte e medida para todas as coisas.

Os comentários sobre alguns filósofos ocidentais são feitos aqui por um leigo. O intuito desses comentários não é aceitar ou rejeitar os sistemas de pensamento desses renomados filósofos, mas contribuir com o debate de algumas de suas ideias, na forma muito mais de comentários a aforismos, do que longas e detalhadas análises de sistemas filosóficos, as quais não nos consideramos aptos a realizar.

Por sermos defeituosos, certamente apresentamos erros e contradições nesses debates, no entanto, se temos algum mérito nessa questão, devemos exclusivamente ao nosso mestre espiritual e a Srila Prabhupada. Assim, mesmo alguém desprovido de quase todas as boas qualidades, pode apresentar um conhecimento precioso se puder receber de uma fonte fidedigna e repassar esse conhecimento com o mínimo possível de distorção. Esse é o fidelismo do caminho védico. Peço a bênção dos devotos e desculpas por eventuais ofensas cometidas devido a minha ignorância nas especulações que elaboramos. Outra limitação evidente é que apresentamos apenas algumas ideias de alguns filósofos, uma vez que desconhecemos a obra da maioria dos ausentes. Assim, o salto temporal, de um para outro filósofo, pode ser enorme.

Srila Abhay Charanaravinda Bhaktivedanta Swami Prabhupada, ou, simplesmente, Srila Prabhupada, apresenta com maestria a Ciência do Supremo, assim como a recebeu de seu mestre espiritual Srila Bhaktisidanta Sarasvasti Takhura Prabhupada, através da corrente de sucessão de mestre – discípulo (*parampara*) na linha filosófica-religiosa Gaudia Vaishnava; mostrando a inter-relação entre a filosofia e a religião e a utilidade da sincera especulação filosófica que aproxima de Deus. Srila Prabhupada é radical ao defender a centralidade da Suprema Personalidade de Deus em tudo, esse é o caminho do *Vedanta*. É nesse caminho, no qual este autor está apenas iniciando, que tentaremos dialogar com alguns filósofos ocidentais.

A descontextualização arbitrária que o autor fez dos filósofos, não apresentando elementos de sua personalidade e do momento histórico em que viveram, adotada neste livro, traz a vantagem da rapidez em retirar e apresentar alguns pontos mais evidentes dos sistemas de pensamento desses filósofos, mas, por outro lado, traz muitas dificuldades. No entanto, como este capítulo não tem a pretensão de ser um tratado filosófico, permite-nos trabalhar nessa lógica superficial. Novamente, isso se deve às nossas limitações.

Platão (428-348 a. C.)

Platão é provavelmente o filósofo que mais influenciou a filosofia e a religião ocidental. Seu sistema filosófico traz os conceitos de alma eterna do ser humano, e a existência de dois mundos, o das ideias, onde se encontram as verdadeiras formas e o das representações, reflexo pervertido do mundo das ideias. Uma estrutura filosófica semelhante à de Platão, porém mais elaborada, é encontrada nos Vedas já em épocas muito anteriores a civilização grega.

A República de Platão, é uma obra completamente sobrenatural. Ao se perguntar para que serve a humanidade, Platão dizia que o objetivo maior do homem é glorificar a Forma (que sob nosso ponto de vista pode ser substituído pela palavra Deus) e com ela regozijar-se para sempre. Segundo Vlastos (1983).

> O filósofo platônico busca encontrar o sentido da vida, a verdadeira vocação, o serviço fiel às formas da justiça, da beleza, da virtude e tudo o mais. Desenvolver um amor transcendente, diante do qual as paixões terrestres empalidecem e descobrir uma felicidade que transforma os ganhos deste mundo em quimeras.

Verifica-se uma semelhança da estrutura filosófica platônica, a dualidade do mundo, o conceito de alma, com a estrutura da ciência da *bhakti* yoga, apresentada por Krishna, no *Bhagavad Gita*. Provavelmente Sócrates e Platão conhecessem o *Gita*, uma vez que esta filosofia já havia sido apresentada muito tempo antes na antiga terra de *Bharata* (atual Índia). Segundo os Vedas, o conhecimento acerca de *bhakti* é eterno, apresentado desde tempos imemoriais, sendo que a última vez que isto aconteceu neste planeta foi a 5. 000 anos atrás. Querer determinar um início para essa filosofia transcendental é uma pretensão da história e da filosofia ocidental.

DEUS E CIÊNCIA

Em Platão, vê-se uma linha filosófica que depois aparece com outros pensadores, como Nietzsche. A apropriação de ideias transcendentais para benefício próprio, buscando criar e fundar pseudoreligiões manufaturadas pelo homem e não a partir de Deus. Apesar da genialidade desses filósofos, a "religião manufaturada" por ambos não sobreviveu ao crivo da história, não sobreviveu no tempo e não trouxe resultados positivos, assim como acontece com todas as pretensas religiões inventadas pelos homens. E a razão para isso é muito simples: a ausência de Deus. Krishna, a fonte de toda moralidade, ética e consciência, afirma claramente: *"Eu sou a fonte da religião eterna"*, assim, religiões inventadas, ou não têm conexões autênticas com a transcendência espiritual ou essas conexões são poucas e fracas e, portanto, não conseguem sobreviver.

Montaigne (1533-1592)

O que sei eu? Pensai em vós próprios. Esse é o caminho proposto por Michel Eyquem de Montaigne. *"Não há nada tão belo e legítimo do que desempenhar bem e corretamente o papel de homem, nem conhecimento tão difícil de ser adquirido do que viver bem a vida, de modo natural; e a mais cruel das enfermidades é desprezar o nosso ser".* Esse é o humanismo do filósofo francês, pensar em si mesmo deixando Deus distante.

A filosofia vaishnava tem total acordo quanto à responsabilidade única do ser humano em relação ao seu próprio desenvolvimento. E considera que o correto papel do ser humano, se inicia na busca por si mesmo, levantada pela pergunta essencial: quem sou eu? No entanto, propõe outras questões fundamentais. O que é este mundo? Quem é Deus? No krishnaismo, Deus não está longe, mas É e Está em Tudo, além de ser agente participante é testemunha e sustentador da história.

Montaigne diz que *"Homens se inflam a si mesmos com apenas vento, e saem quicando, como bolas"*; como consequência dessa inflação do ego, diz Bloom (2005), não é possível viver bem a vida. O krishnaismo denuncia esse estado superegoico das pessoas na sociedade atual como sendo uma contaminação da consciência, principal fator que impede a superação da alienação e o desenvolvimento de um relacionamento positivo com Deus. E para reduzir esse falso ego inflado materialmente, indica processos de austeridade, controle da mente e negação do falso ego, por meio do cantar de mantras e dos santos nomes de Deus, especialmente o *maha mantra* Hare Krishna, considerado uma conexão direta com a transcendência absoluta purificadora.

Montaigne apresenta e tenta explicar em sua obra "Ensaios" a natureza inconstante das ações humanas, similar ao questionamento que Arjuna faz a

Krishna. *"O que impele alguém a atos pecaminosos, mesmo contra a sua vontade, como se agisse à força?"* (B. G. 3. 36). E Arjuna conclui, *"A mente é inquieta, turbulenta, obstinada e muito forte, ó Kṛṣṇa, parece-me que subjugá-la é mais difícil do que controlar o vento"* (B. G. 6. 34). Krishna dá uma longa explicação a Arjuna, falando dos três modos qualitativos da energia material e do controle da mente através dos processos de trabalho, conhecimento e serviço devocional. Este sublime diálogo filosófico, entre a Suprema Personalidade de Deus e o general Arjuna, seu devoto, pode ser apreciada no *Baghavad Gita* Como Ele É. As explicações de Krishna seguramente satisfariam Montaigne.

Descartes (1596-1650)

"Parece-me que as pessoas que querem usar a imaginação para compreender as ideias de Deus e da alma procedem exatamente como se, para ouvir os sons ou sentir o odor, quisessem servir-se de seus olhos" (René Descartes).

O matemático e filósofo René Descartes buscava a verdade a partir do homem, seu pensamento é sintetizado na famosa frase *"Penso, logo existo"*. Por meio de um conhecedor humano intuitivo, inato e "independente" das coisas, duvidando de tudo e de todos, Descartes assume que a matemática e a lógica eram as plataformas mais seguras para procurar a verdade. Usando essas bases, propôs seu método de conhecer, no qual um problema qualquer complexo era inicialmente dividido em pequenas partes mais simples. Então as parcelas do problema maior eram analisadas. Depois, ao revisar os pensamentos e conclusões parciais da análise, buscava-se a solução integrada, chamada de síntese, que é uma tentativa de explicação conjunta e coerente dos fatos analisados. Esse procedimento constitui até hoje a espinha dorsal do método científico.

Em 1619, Descartes teve uma revelação enquanto procurava um método para procurar a verdade. *"Neste ano fui visitado por um sonho que veio de cima. Ouvi o estrondo de um trovão. Era o Espírito da Verdade que descia e se assenhoreava de mim"*. É paradoxal que o racionalista método científico tenha sido originalmente revelado justamente nos irracionais campos oníricos da consciência de Descartes.

No entanto, Descartes ao propor seu método e seu modo de pensar, tinha mui claramente estabelecida a existência da alma humana, segundo o filósofo a alma é o aspecto pelo qual a pessoa é o que é. Isso fica bem evidente num trecho do seu Discurso do Método em que Descartes "prova" indiretamente a existência e a natureza da alma.

> O fato de eu pensar revela-me a existência de algo que pensa. Que é este algo? Sou eu. A minha própria dúvida demonstra minha existência de duvidador. Mas quem sou eu? Sou aquilo que dúvida. Posso duvidar que eu seja um corpo ou que exista um mundo material onde vivo. Não posso, contudo, duvidar de minha dúvida nem da existência do meu pensamento. Disto infiro que sou de natureza tal para cuja existência não depende de nenhuma coisa material; pois esse sou eu, isto é, a alma pela qual sou o que sou, que é inteiramente distinta do meu corpo e é até mais fácil de ser conhecida que este último; e mesmo que o corpo não existisse, não deixaria a alma de ser o que é. (Descartes).

Descartes parte de si mesmo e não a partir do mundo para encontrar Deus, dizendo que para conhecer Deus, não é necessário raciocinar, uma vez que Deus é uma ideia inata. *"Haverá outros fatos estabelecidos, isto é, coisas que posso conceber, clara e distintamente, como verdadeiras? Sim, há dois fatos: a presença de meu corpo e a existência de Deus"*. Para Descartes a existência de Deus deduz-se a partir de sua essência e para conhecê-Lo não é preciso o discurso racional.

> O que quer que eu conceba muito clara e distintamente é verdadeiro, mas minha existência não é perfeita, pois vejo, claramente, que é uma perfeição maior conhecer do que duvidar. De onde aprendi a pensar em algo mais perfeito que eu mesmo? Obviamente de alguma natureza que, na verdade, é mais perfeita do que eu – uma natureza que tem dentro de si todas as perfeições de que eu possa fazer ideia – numa palavra, Deus. O fato da existência de um Deus perfeito iguala e mesmo sobrepuja, em certeza, os fatos demonstrados da geometria. Deus é a perfeição que conduz os nossos passos imperfeitos instintivamente para a luz.

As grandes tradições religiosas do mundo afirmam que o homem é semelhante a Deus e que Deus tem as seguintes qualidades em grau infinito:

- Eternidade.
- Plenitude de conhecimento.
- Plenitude de bem-aventurança.
- Forma.

O ser humano, segundo os Vedas, também tem em sua essência essas mesmas qualidades, mas num grau finito. Porém, para as pessoas exercerem em maior grau a sua semelhança com Deus, precisam atingir o seu nível essencial, de autorrealização libertadora. Atingir o nível do verdadeiro ser, por baixo de todas as designações enganadoras e todos os tipos de ismos. E, como apontou com propriedade Descartes, a realização dessas características divinas dentro do homem independe do conhecimento formal ou do discurso racional, pois, em essência, o ser humano é o que é. *"Concluo tão evidentemente a existência de Deus, e que minha existência depende inteiramente dele em todos os momentos de minha vida, que não penso que o espírito humano possa conhecer algo com maior evidência e clareza"* (Descartes).

O fundador do método científico se posiciona claramente a respeito de Deus e do homem, usando as conclusões do seu poderoso método de conhecer, que inicia num ato de fé e na intuição e se suporta em Deus. Porém, a ciência no seu desenvolvimento posterior deturpou o método de Descartes ao subtrair do mesmo todo aspecto teísta e vitalista defendido pelo filósofo, omitindo suas conclusões e sua visão de mundo. Um recorte reducionista e descontextualizador, pois a grande questão do método para Descartes era justamente acumular verdades para ampliar a certeza do mundo e consequentemente a certeza da alma e de Deus. A supressão da certeza do divino do método científico evidencia sua parcialidade. Para Descartes: *"Deus é no fundo, o princípio que garante a interpretação do mundo. Existindo em virtude de sua própria essência e chega-se à certeza do mundo a partir da certeza de Deus"*. Sem Deus é impossível descobrir o que é real e o que é ilusório.

No *Srimad Bhagavatam*, existe um bonito passatempo de Krishna, em que Ele demonstra esse tipo de ilusão ao poderoso e místico Senhor Brahma, segundo os Vedas, o primeiro ser surgido dentro deste Universo material.

Cinco mil anos atrás, quando a Suprema Personalidade de Deus, Sri Krishna, passeava pelos bosques e campos de Vrindavana, o regente universal Brahma resolve roubar as vacas e os amigos de Krishna. O fato acontece durante um piquenique, quando Krishna estava ausente do local. Ao retornar, Krishna percebe tudo instantaneamente, inclusive a motivação de Brahma que queria testá-Lo. Então, para dar uma lição mística em Brahma e para proteger da aflição as mães dos vaqueirinhos e dos bezerros roubados, Krishna se expande na forma exata de todos os vaqueirinhos e bezerros sumidos e os substitui perfeitamente, em todas as atividades cotidianas, pelo período de um ano terrestre.

Após esse tempo Brahma retorna à Terra para ver o que tinha acontecido e fica muito perplexo, pois sabia que tinha levado e escondido aqueles mesmos meninos e bezerros que ele via brincar com Krishna. Perplexo, Brahma se aproxima da cena e então vê todos aqueles bezerros e vaqueirinhos se transformarem numa expansão primordial de Deus, chamada de Maha Vishnu.

E de cada expansão plenária Maha Vishnu exalavam infinitos Universos, com inúmeras pessoas na posição de regente universal como ele próprio. Desse modo, o Senhor Brahma, o grande místico deste Universo, perde sua lucidez, e completamente confuso não sabe mais quem é e onde está.

Aceitando as orações humildemente apresentadas por Brahma, bem como a devolução dos bezerros e vaqueirinhos originais, Krishna acaba reestabelecendo a ordem aparente das coisas, tal qual era percebida por Brahma. E este aprende então, uma importante lição de Krishna, o Místico Supremo.

O fato é que, sem Deus, não é possível saber o que é ou não sonho e o que é ou não real. Deus, na magnânima forma de Sri Krishna Caitanya, exorta todas as pessoas deste mundo dizendo: *"Acordem dos sonhos almas adormecidas, acordem e escapem desta terrível ilusão da bruxa Maia que os embala nos braços"*.

No início da jornada da ciência, Deus fazia parte da certeza filosófica e científica. Com o passar do tempo a ciência passou a omitir e negligenciar Deus e os aspectos divinos dos seres e da natureza. Essa postura unilateral e separatista foi importante para a autonomia do jovem pensamento científico, afastando-o da teologia cristã e da igreja com todos os seus problemas de dogmas, ritos e inquisições. Por outro lado, o racionalismo científico-filosófico materialista separou cada vez mais a razão da fé e o preço pago pelas pessoas e pela sociedade por esse afastamento com o divino foi e continua sendo muito alto, levando ao vazio, a falta de sentido e ao suicídio, por exemplo.

Diluiu-se o sentimento de unidade, de continuidade e de pertencimento espiritual, e a síntese do fragmentado conhecimento materialista, como Descartes exigia em seu método, nunca foi realizada. A organização harmônica das ideias para melhor buscar a totalidade ficou comprometida e mostrou-se inviável, devido a profunda fragmentação que ocorreu não só com o conhecimento materialista, mas, também, com o próprio ser humano pós-moderno, dissociado de sua essência. Muitos dos problemas do mundo contemporâneo devem-se a ausência dessa síntese entre ciência e religião, entre o corpo e o espírito

Sobre a alma, Descartes declara: *"O eu, isto é, a alma pela qual eu sou o que sou é inteiramente distinta do corpo e até mais fácil de conhecer do que este, e mesmo se o corpo não existisse, ela não deixaria de ser o que é"*. É notável a relação da afirmação de Descartes com Platão e com o entendimento védico sobre o eu eterno. Nós não somos o corpo, nós somos uma alma eterna que tem um corpo. Esse deveria ser um ponto central do fazer e do pensar filosófico e científico, porém, na prática, o que ocorre é justamente o oposto. A ciência e a filosofia materialistas sustentam a falácia de que, o ser é o seu corpo, que se acaba quando o corpo acaba.

Descartes, que rejeitava como falso tudo que fosse duvidoso, chegou a conclusões semelhantes às apresentadas nos Vedas sobre a existência de Deus e da alma. O filósofo não tinha dúvida alguma da existência da alma. Assim como Descartes, Srila Prabhupada explica que a alma é autoevidente. E é bastante simples pressupor a sua existência, pois a alma é exatamente a diferença entre um corpo vivo e um morto. Prabhupada explica que é devido à incapacidade de fabricar uma alma, antimaterial por definição, que os cientistas não conseguem criar vida em laboratório. No entanto, apesar dessa autoevidência, a ciência e a filosofia contemporânea insistem em desprezar a alma, o fundamento da vida.

Como alertava Prabhupada, nas universidades são estudadas muitas especialidades, o corpo é estudado detalhadamente em vários departamentos, mas, infelizmente, não existe uma só disciplina que estude a alma de maneira científica. O pai do método científico explicava, *"Como regra geral, as coisas que concebemos clara e distintamente são verdadeiras"*. Esta era sua opinião em relação à existência e posição verdadeira e inequívoca de Deus e da alma. No entanto a questão da alma, esse antiobjeto de estudo, é considerada, a priori, como não científica pelo materialismo hegemônico da ciência nos dias atuais.

Pascal (1623-1666)

"O que a geometria passa, nos ultrapassa." (Blaise Pascal – Do espírito geométrico)

"De fato, é agradável observar na natureza o desejo que ela tem em pintar Deus em todas as suas obras, onde se vê algumas características d'Ele, porque são suas imagens." (Blaise Pascal – Colóquio com De Sacy)

Para Blaise Pascal, Deus está oculto na harmonia geométrica e matemática. Quando jovem, Pascal contribuiu com a ciência, especialmente na hidráulica, na matemática e na geometria. Nos últimos anos de vida dedicou-se especialmente à filosofia e à teologia. Em seu livro intitulado *Pensées*, mostrou a necessidade psicológica de Deus para o ser humano, declarando: *"É no coração que sentimos Deus, e não na razão"*. Propõe o coração como sendo o núcleo ou o centro da pessoa, e declara a famosa frase, mantra para os românticos: *"O coração tem razões que a própria razão desconhece"*. E convida as pessoas a escutar a Deus dizendo: *"Escuta a Deus, pois o homem ultrapassa infinitamente o próprio homem ao ouvir de seu Senhor a condição verdadeira que ignora"*.

Para Pascal, assim como para Descartes com quem tinha disputas filosóficas, o que importava era a certeza existencial de Deus, para chegar a clareza existencial de si mesmo. A fé não seria exceção da regra da evidência, mas certeza matemática. Pascal defendia que a fé é a base da razão.

Silva (2012), explica que nas obras de caráter teológico, o geômetra e filósofo privilegiou a fé inabalável em Deus que leva à profunda vivência religiosa e segue avaliando que em *Pensées,* Pascal mostra um profundo e arrebatador reconhecimento dos mistérios colocados frente a cada ser humano.

> Quando considero a brevidade de minha vida, engolida pela eternidade do antes e do depois, o pequeno espaço que preencho, e que sou capaz de enxergar, tragado na imensidão infinita de espaços sobre os quais sou ignorante, e que não me conhecem. Fico assustado e atônito por estar aqui, e não lá; pois não há motivo por que aqui, e não lá, por que agora, e não depois. Quem me colocou aqui? Por ordem e instrução de quem este tempo e lugar me foram alocados? (Pascal - Pensées).

Tentando convencer ou sensibilizar os filósofos descrentes de sua época, Pascal propõe uma aposta nas probabilidades da existência ou não de Deus. Concluindo que é muito mais vantajoso, crer do que não crer em Deus. Pois, se a pessoa crê e estiver certa terá ganhos infinitos, mas se Deus não existir, então ela praticamente não perde nada. Por outro lado, os descrentes podem perder muito e no máximo não ganhar nada.

Evidentemente, existem problemas na lógica desta aposta e Krishna não deixa de recompensar com todos os ganhos materiais possíveis, mesmo os descrentes ou os opositores. Provavelmente, com recompensas materiais maiores do que para os crentes e devotos. Este comportamento de Krishna é mostrado inúmeras vezes, quando Ele mata os seres demoníacos e opositores a religião e estes obtêm a liberação da prisão do mundo material, fundindo-se no corpo espiritual de Krishna, processo conhecido como *moksa*. Devido a misericórdia imotivada de Deus, mesmo estes jogadores ainda podem ganhar muito.

Kant (1724-1804)

"Se quisermos, como podemos e devemos, seguir uma linha de conduta moral, formar um só com um critério moral estável e incondicionado, não podemos deixar de aceitar como postulados a imortalidade e a existência de Deus." (Imannuel Kant)

Para Immanuel Kant, as condições a priori do conhecimento humano designa o transcendental. Em *Crítica da razão pura*, o filósofo afirma que *"Deus, liberdade e imortalidade sempre foram objetivos supremos de nossa existência e por isso são importantes para a filosofia"*. Já em sua obra *Mundo fenomênico e mundo das coisas em si*, Kant diz que onde o conhecimento científico é inadequado para oferecer explicações, ele precisa ser complementado considerando-se a natureza dotada de propósitos. A mesma ideia é reapresentada pelo físico Niels Bohr (1955): *"O mecanicismo e o finalismo não são mais contraditórios, mas complementares e ligados a nossa posição de observadores da natureza"*.

Kant elaborou os conceitos de formas de intuição para se conhecer, chamados de juízos sintéricos a priori, como o espaço e o tempo. Declara que a coisa em si escapa à possibilidade do conhecimento. Para Kant, a alma, o Universo e Deus não podem ser conhecidos pela razão pura, mas por outros caminhos.

Para os Vedas, a alma é a principal característica divina nos seres corporificados, responsável pela vida e pela consciência no corpo, existindo absolutamente, ao passo que o corpo, por sua vez, só existe parcialmente, apenas durante um período de tempo sendo, portanto, relativo e passageiro. Assim, o conhecimento e a ação que têm origem e fim no corpo são relativos, ilusórios, limitados e condicionados, ao passo que o conhecimento e a ação que tem origem ou fim na alma são absolutos, reais, infinitos e livres. No entanto, a racionalidade pode, ao analisar, sintetizar ou estudar o espiritual (domínio da alma), atingir os limites do transcendental, desenvolvendo e reforçando no ser humano o sentimento e a fé, podendo, inclusive, formalizar as sensações, imagens e sentimentos numa linguagem adequada.

Um texto racional e crítico não pode trazer implícito sentimentos e metafísica? Se não fosse assim, então porque os leitores de textos iluminadores como a Bíblia, o Alcorão ou o *Gita*, muitas vezes apresentam reações sentimentais e profundamente impactantes durante sua leitura? É fato que a luz da verdade traz benefícios e consequências, independentemente do caminho com o qual se chega a ela. Como a verdade tem força e dinâmica próprias, uma vez descoberta, intuida ou revelada, ela relaciona-se de modo diferente com cada ser, na sua totalidade essencial ou na superficialidade do ego, podendo em alguns casos desencadear aquilo que Maslow (1964) chamou de experiências de pico, experiências raras, muitas vezes místicas e mágicas, que podem despertar sentimentos profundamente emocionantes de pertencimento oceânico sobre o leitor. Experiências altamente inspiradoras e revolucionárias sobre a vida do sujeito.

Portanto, diferente do que diz Kant, a razão pode, sim, atingir o absoluto e o transcendente através do ser humano, pois neste ser, compreendido entre o tudo e o nada, a razão está fundida com a fé. O homem, em sua essência, é uma pequena totalidade, como um pequeno holograma. Uma totalidade que se constrói historicamente, que se reflete nos outros e que busca uma ligação cada vez mais clara e explícita com o Atrativo Supremo, o Holograma Infinito.

A razão e o sentimento, o masculino e o feminino, o consciente e o inconsciente, o objeto e o sujeito, são constituintes dialéticos desta natureza humana, na qual se fundem todos esses aspectos duais num todo mais ou menos harmônico, que procura ansiosa e loucamente o verdadeiro relacionamento amoroso e pessoal com Deus, única possibilidade real de liberdade e plenitude.

A finalidade última da razão é a loucura do amor, o que, para a razão, é um paradoxo lógico, pois a razão só consegue ver e apreender um pedaço da realidade, o restante ela precisa intuir. Este paradoxo pode ser resolvido no ser autorrealizado que integrou as dualidades para poder realizar o absolutismo da plenitude amorosa servil.

Kant estava certo ao dizer que somente com a razão não se pode chegar ao transcendente. Mas a razão pode chegar lá com o apoio dos demais aspectos da totalidade humana, como a fé e a intuição. E, assim, tem-se um quadro completo com sombras e luzes. Hridayananda (2013) diz que:

> [...] a racionalidade é uma opulência divina e o seu uso na argumentação é um marco característico de toda a tradição filosófica indiana, especialmente da tradição vedanta, da qual o Movimento para Consciência de Krishna, conhecido popularmente como movimento Hare Krishna, faz parte, daí a grande contribuição deste movimento para a integração do ser humano na sua totalidade racional e divina.

É, possivelmente, por causa do argumento da impossibilidade de se chegar à transcendência pela razão que Kant dá o nome a uma de suas principais obras, *Crítica da razão pura*, até porque razão pura não existe e caso existisse seria neurótica e limitada, como dizia Pascal de forma poética: *"O coração tem razões que a própria razão desconhece"*. No entanto a ciência materialista pretensamente julga-se a portadora suprema da razão e muitos são levados a crer que essa razão científica seria a essência do que podemos chamar de verdade.

No mundo contemporâneo, de forma ilegítima, as ciências têm assumido em parte o papel das religiões. De forma mistificada, verdades científicas relativas passam a gozar de status de verdades quase que absolutas na sociedade. Essa pretensão científica-filosófica racionalista, junto ao abandono da questão da divindade como fenômeno a ser estudado é constantemente repetida para a sociedade e reproduzida nos sistemas político-produtivos e isso tem levado as pessoas e a sociedade para um cenário árido de alienação, desencantamento, desamparo, desrespeito, ansiedade, doenças mentais e confusão.

A ciência e a filosofia afirmam o ponto mais ou menos óbvio de que com a razão não se pode descobrir Deus, conhecê-lo plenamente, provar ou negar Sua existência. Mas daí a afirmar que a questão do fenômeno divino deve ser abandonada, seja na filosofia ou na ciência, é uma postura tendenciosa e enganadora. Criou-se um mito de "independência" entre a razão e a fé, entre a ciência e a religião, entre o ser humano e Deus. Essa tendência de recortar trechos da "realidade" e negligenciar aspectos fundamentais é lastimável, mas é o que acontece na prática do dia a dia. É uma questão de exclusão de evidências devido ao paradigma, ou, em termos védicos, é a propensão natural de enganação e degradação acentuada devido à influência da atual era de Kali. No entanto, Kant mostra em sua obra, *Razão prática*, que é necessária a existência de Deus para haver conduta moral, uma religião da razão, nestes termos a ciência apresenta uma moralidade frouxa, muitas vezes perniciosa ao desvincular a racionalidade como atributo do divino.

Zilles, citando Kant, diz que o conhecimento científico é apenas uma atividade humana, ao lado de outras como: o viver, o trabalhar, o produzir, etc. E para chegar ao conhecimento metafísico existe a forma da consciência moral ou a razão prática, que são princípios aplicados a ações que o homem quer fazer. Os postulados metafísicos da razão prática ou consciência moral de Kant, são os mesmos encontrados nos Vedas:

1. A liberdade (autonomia da vontade).

2. A imortalidade da alma.

3. O mundo da consciência moral é metafísico, onde o que é, é idêntico ao que deve ser. É o reino das almas livres e imortais.

Deus é o ente para além desse mundo fenomênico no qual a aspiração do homem se realiza. É a síntese unitária entre o que é e o que deveria ser. É a condição de possibilidade de qualquer moral e de qualquer felicidade. Segundo Kant, *"O conceito genuíno de Deus conduz a moral"*. E ainda, *"É bom que não sabemos, mas cremos que existe um Deus"*. Zilles complementa: *"Desde que se admite que a realidade não se reduz ao mundo empírico e nele se admite uma dimensão de profundidade, não se pode negar simplesmente a existência de Deus. A crítica kantiana foi uma oportunidade, infelizmente perdida, para o cristianismo entrar no mundo da modernidade"*. Situação diversa ocorre com o krishnaismo, na qual a discussão da racionalidade de Deus e da liberdade humana é a discussão da pós-modernidade.

Hridayananda (2013) considera que Kant era um homem em aperfeiçoamento, pois ao formular o seu conceito de imperativo categórico o faz restritivo e não universal. Trata todos os seres humanos adultos e sãos como

DEUS E CIÊNCIA

um fim e não como um meio, mas não amplia esse conceito a todos os seres vivos, desconsiderando, por exemplo, o direito dos animais.

Hegel (1770-1831)

"A história do homem neste planeta, é a história da alienação do homem." (George W. F. Hegel)

"Para Hegel, a aparência e a essência do homem não coincidem. Quando o homem alcança a consciência de si, está a caminho não só da verdade de si mesmo, mas também do mundo." (Erich Fromm)

George Wilhelm Friedrich Hegel estudava os Vedas. Dizia que o acesso a Deus não é evidente, como demonstram as tentativas de alcançá-Lo via racionalidade, ao longo da história. Assim como Kant, Hegel não queria terminar com a religião cristã, mas renová-la na sociedade moderna, fundamentando-a na razão. Segundo o filósofo, o indivíduo, ao aceitar o Cristianismo, renunciava ao direito de determinar por si mesmo o que é verdadeiro, bom e justo, assumindo o dever de aceitar o que lhe é imposto, ainda que contrário à razão, levando a uma alienação a partir da religião.

Não pretendemos argumentar a favor ou contra o Cristianismo em relação a essa crítica, mas aproveitar a oportunidade para chamar a atenção na diferença de enfoque no conceito de religião eterna absoluta ou *Dharma*, descrito no *Bhagavad Gita*, em relação às religiões culturais e mais relativistas. No capítulo final do *Gita*, 18. 63, a Suprema Personalidade de Deus Sri Krishna declara a Arjuna e por conseguinte, a toda humanidade, uma proposição que no futuro poderia ser classificada de existencialista/sartreana.

> *Iti te jnanam akhyatam guhyad guhyataram maya*
> *vimrsyaitad asesena yathecchasi tatha kuru*
> "Eu te expliquei o conhecimento mais confidencial.
> Delibera sobre isto detidamente, e então fazes o que desejas fazer".

É um chamamento à responsabilidade individual do ser humano frente às opções da vida e, então, Krishna finaliza. *"Abandona todo o tipo de religião e simplesmente Me segue".* A Suprema Personalidade de Deus, reforça novamente, na conclusão de suas declarações transcendentais no *Gita*, o aspecto da liberdade inerente ao ser humano, aspecto existencial que define o ser humano como tal.

Mesmo Deus desejando ardentemente que o ser humano retorne a Ele e assuma sua verdadeira constituição, divina, independente e plena, Deus deixa a opção da escolha, um livre arbítrio restrito, no qual é possível escolher viver racionalmente conectado ou desconectado de Deus. Segundo o krishnaismo, essa desconexão com a essência divina é a verdadeira causa da alienação humana, que transforma as pessoas em uma espécie de autômato materialista, dentro de um mundo que é real, mas temporário e ilusório. Ao ser humano cabe a escolha.

Frente a este quadro, não se pode falar de opressão ou relação de escravo--senhor do homem com Deus, mas, sim, de uma troca amorosa, onde serviço e renúncia, mistério e êxtase, vazio e plenitude, conhecimento e bem-aventurança, prazer e beleza são características desta relação. Portanto, o entendimento vaishnava, ou da Religião Absoluta, supera a crítica que Hegel faz de um Deus parcial e a uma religião institucionalizada, dominadora e classista. É claro que o aspecto dominante de Deus existe, como o aspecto dominador absoluto do tempo eterno, porém Deus é o tempo e é além dele, cabe ao ser humano determinar com qual forma de Deus deseja se relacionar, se por intermédio do serviço amoroso tanscendental como fazem os devotos, ou apenas sob a implacável dominação das divinas leis da natureza material e do tempo, como faz a grande maioria das pessoas.

Para Hegel, o caráter fundamental da realidade está na vida, sendo que a vida criadora se chama Deus. Assim, também, é para os krishnaistas, seguidores de Sri Caitanya Mahaprabu, o divino é pura vida, dialética em essência que se revela através do amor. No relacionamento amoroso, tanto o ser humano como Deus entregam-se a si próprios encontrando-se um no outro. E neste estágio, apesar da separação, o que existe é uma unidade transcendental. No entanto, Hegel se pergunta sobre como atingir o fundamento da experiência religiosa, por ele definido como sendo o vínculo imediato entre o divino e o humano. Ao passo que Sri Caitanya, por sua misericórdia imotivada, traz o método sublime de conexão imediata com Deus através do canto congregacional dos santos nomes de Deus, especialmente, o *maha mantra* Hare Krishna. Um processo espiritual universal, não sectário ou dogmático, que atua diretamente sobre a essência e a consciência das pessoas, promovendo sua conexão com a Verdade Absoluta, conectar-se com o divino por meio da meditação nos sagrados e absolutos nomes de Deus.

Para Hegel, o homem pode pensar em Deus, pois a raiz da sua consciência vem da sua característica divina, é o aspecto imanente do divino. Por outro lado, Hegel diz que o aspecto transcendente é uma fantasia humana. A filosofia de Hegel é limitada e especulativa, superada pela síntese filosófica krishnaista de Sri Caitanya, da inconcebível igualdade e diferença ao mesmo tempo. *Achintya abedha bedha tatva.* Deus é imanente (inseparável da essência do ser), transcendente, presente em tudo e tem forma ao mesmo tempo.

A dialética de Hegel, da realidade una, da realidade separada e da realidade unificada entre o homem, Deus e o mundo já existiam formalmente, eram explicadas nos Vedas e vivenciadas na Índia antiga. Esse conhecimento, no entanto, ficou muito tempo guardado nos antigos livros sagrados, protegidos pelo sânscrito, e só apareceu no Ocidente lenta e gradualmente, no século XVIII e XIX a partir dos círculos eruditos universitários. O conhecimento védico autorizado, segundo a tradição vaishnava da sucessão discipular, chega efetivamente de modo completo, sistêmico e popular, somente a em 1965, com a vinda de Srila Prabhupada aos EUA.

As analogias levantadas entre a filosofia de Hegel e vaishnava, apontam para uma necessidade urgente e séria em aprofundar os estudos sobre o impressionante sistema filosófico religioso krishnaista, pois as conclusões védicas podem trazer enormes benefícios para o mundo atual e para a humanidade em geral. O primeiro benefício evidente é a construção de uma cultura de paz e a libertação do sofrimento animal.

"A Verdade vos libertará", o verdadeiro conhecimento é espiritual e libertário. O próprio método de conhecimento para atingir a Verdade é revolucionário, pois permite a mudança radical de postura tanto pessoal como coletiva e traz como resultado o bem-estar último de todos os seres vivos. Apesar de ser um conhecimento que se perde na própria origem do tempo, o conhecimento sobre a Religião Eterna, o *Sanathana Dharma*, está na vanguarda do conhecimento contemporâneo.

Para Hegel a elevação religiosa também pertence ao fundamento da experiência de filosofar. *"Religião e filosofia coincidem em um só e mesmo objeto porque o conteúdo da religião é a verdade universal e absoluta, e a filosofia chama de ideia ao ser supremo e absoluto"*. Então, uma filosofia que se nega a questionar o divino, que se reduz a mera análise do discurso e que funciona apenas como um apêndice da ciência, não é efetivamente filosofia e não conduz à verdade libertadora. Está muito mais para uma especulação reducionista que aprisiona o espírito e conduz a loucura filosófica.

Para Hegel, *"Deus é a Verdade Absoluta. Deve ser representado como universal e absolutamente concreto"*. Ou seja, para o filósofo idealista alemão, Deus é igualmente finito e infinito, formando uma unidade dialética, semelhante aos que ensinou o Senhor Sri Krishna Caitanya, a encarnação devocional de Deus, que nos revelou o conceito da inconcebível unidade na diversidade divina. Sobre essa insondável unidade dialética, o poeta vaishnava Rabindranath Tagore cantou os seguintes versos:

Por deleite Você me tornou infinito,
esvaziou diversas vezes este vaso delicado
enchendo-o com vida fresca.

Você levou esta flauta de bambu por vales e montanhas,
soprando melodias eternamente renovadas.

Ao toque imortal de Suas mãos,
meu pequeno coração perde seus contornos na alegria,
e diz o indizível.

Suas dádivas infindas caem em minhas mãos tão pequenas.
O tempo passa e elas continuam a cair,
e ainda há muito a receber.

Hegel nos explica que *"O conceito absoluto, o conceito em si e para si, é o conceito de Deus, idêntico com o ser"*, análoga à posição krishnaista sobre o aspecto absoluto de Deus. Para os devotos de Krishna o nome de Deus é absoluto, como também propôs Descartes: *"Como nome de Deus entendo uma substância infinita, eterna, imutável, independente, onisciente, onipotente e pela qual todas as demais coisas que existem (se é verdade que algumas existem) temos sido criados e produzidos".*

Daí a ênfase do Movimento para Consciência de Krishna no processo sublime de religar-se ao supremo através da vibração transcendental de seus santos nomes, pois, o nome de Deus é santo e não é diferente do próprio Deus. Esse é o processo sublime de imediato acesso à divindade e à transcendência, que chegou à humanidade pela graça divina do avatar dourado Sri Caitanya Mahaprabhu.

Assim como Platão, Hegel busca e firma os conceitos da sua teoria idealista, na realidade espiritual. Esses conceitos são amplamente documentados e vividos na tradição védica desde tempos imemoriais, que retornam, no entanto, na vanguarda da discussão filosófica especulativa moderna. Portanto, vale a pena entender o que essa notável tradição espiritual que é o krishnaismo propõe para promoção da espiritualidade humana.

Para o filósofo Hegel, existe um desenvolvimento histórico das religiões, num esquema dialético de três etapas: Einstein também propôs um esquema parecido, mas para ele a religião absoluta seria a religião cósmica.

- A religião natural, em que aparece o aspecto da Consciência Universal.

- A religião da individualidade espiritual.
- A religião absoluta, na qual Deus se revela como espírito absoluto.

Essa é uma divisão que pressupõe uma "evolução histórica" das religiões e se adapta bem ao espírito evolucionista científico da época. No entanto, na mesma lógica da crítica ao evolucionismo darwiniano, os Vedas entendem que a única e verdadeira religião é a Religião Eterna ou Absoluta, chamada de *Sanathana Dharma*, estabelecida diretamente por Deus desde tempos imemoriais. E, a partir dessa fonte absoluta, há uma espécie de involução histórica para os demais aspectos das religiões relativas que podem ser classificadas como aspectos rebaixados e derivados da Religião Absoluta que sempre existiu e nunca deixará de existir. A Religião Eterna permanece fora de qualquer esquema de desenvolvimento histórico planetário. Por outro lado, todas as religiões ritualísticas que não são a Religião Eterna, fazem parte do esquema dialético de Hegel, são tentativas e movimentos históricos que buscam a realização e a aproximação, em maior ou menor grau, com esta religião absoluta, porém, sujeitas as limitações da linguagem religiosa e sua representação, aos aspectos culturais, institucionais e históricos.

O krishnaismo contém os aspectos iniciais elencados por Hegel, mas, sem sombra de dúvida, é uma religião do absoluto nessa classificação, defensora e propagadora do *Sanathana Dharma*. Provavelmente, é a religião humana que mais se aproxima do conceito da Religião Eterna. A partir disso advém a importância de as pessoas tentarem entender o transcendental Movimento para Consciência de Krishna.

Feuerbach (1804-1872)

"Nos séculos XIX e XX, o iluminismo e a crítica da religião têm em comum a rejeição da religião em geral vinculada à religião institucionalizada. Rejeita-se Deus porque rejeita-se a igreja concreta. As grandes teorias ateístas da modernidade, a teoria da projeção de Feuerbach, a do ópio do povo de Marx e a da ilusão de Freud, se fundamentam numa fé indemonstrável, na natureza do homem (Feuerbach), na futura sociedade socialista (Marx) ou na ciência racional (Freud)." (Urbano Zilles)

O ateísta Ludwig Andreas Feuerbach, em sua obra *A essência do cristianismo* afirmava que *"O ser absoluto, o Deus do homem, seria a própria essência do homem"*. Recurso retórico amplamente adotado pela comunidade científica da época. Essa é uma argumentação muito antiga, aparece na Bíblia na falásia da conversa da serpente com Adão, mais ou menos assim. "Adão, você pode se transformar em deus e então descobrir que este aí, a quem você chama de seu senhor, na verdade só o está enganando, pois você é o seu próprio deus. Basta comer esta maçã para ter esta realização e conquistar a sua própria liberdade".

O filósofo ateísta Feuerbach recoloca a argumentação da astuta serpente do Velho Testamento bíblico, a serpente que falava para Eva e foi caracterizada depois, no Novo Testamento, como sendo Satanás. A história descreve o episódio do pecado original, da inveja original em relação à posição de supremacia de Deus. Todo ocidental conhece essa história contida no livro de Gênesis.

É por causa da posição assumida, de inveja e desejo de independência, representada pela história de Adão e Eva, que as pessoas são obrigadas a nascer, envelhecer, sofrer e morrer neste mundo. Efetivamente, essa condição de sofrimento é a posição de todos os seres que vivem no mundo material. O *Bhagavatam* também descreve histórias de quedas do mundo espiritual devido a inveja ou orgulho, uma das mais famosas é o caso dos irmãos Jaya e Vijaya.

Como nos explicam os Vedas, o mundo material existe exatamente para que os seres que se julgam independentes tenham um lugar onde exercer essa opção de vida de inveja de Deus. O querer ser o supremo é a causa da vinda e da prisão da alma eterna a este mundo material. A verdadeira liberdade humana, por outro lado, significa superar todos esses aspectos de amarra e restrição da consciência, aprendendo a servir a Deus, para só então poder construir um mundo mais paradisíaco neste planeta. Evidentemente, não conseguimos superar essa condição enquanto humanidade, pois estamos presos neste mundo de misérias e apresentamos em maior ou menor grau vários defeitos, temos medo de amar, somos fragmentados, degradados, desencantados, vazios e desconectados. No entanto, entre as palavras divinas: *"Renuncie seu falso ego e usando todas suas potencialidades simplesmente se renda a Mim e nada tema"*, ou, nas palavras demoníacas: *"Aumente cada vez mais seu ego e seja você mesmo seu próprio deus"*; como defendida pela serpente bíblica e pelos filósofos ateístas, escolhemos ter fé nas palavras de Krishna e nesse caminho preferimos viver. É uma simples questão de opção frente a essa encruzilhada ou, como coloca Pascal, é a aposta que fazemos.

Feuerbach seguia pregando o materialismo, que só o ser sensível é verdadeiro, a realidade é a natureza e os sentidos a ferramenta. Exatamente o contrário do proposto no *Gita*, no qual é dito que o verdadeiro ser é para além dos sentidos, que por ser temporária essa realidade material é uma espécie de ilusão e que apesar de os sentidos serem ferramentas, a busca incessante por satisfação dos sentidos é nociva, pois traz sofrimento e dependência para a pessoa. Assim, aceitar a proposição ateísta de Feuerbach, desencaminha a alma.

DEUS E CIÊNCIA

Feuerbach propõe que Deus é o próprio homem, admitindo, assim, apenas algumas das qualidades divinas que, no entanto, ele hipocritamente não explica de onde vem. Esse ateísmo proposto não é uma ausência completa de Deus, mas a ausência de Seus principais atributos, os aspectos *Paramatma* (localizado e onipresente) e *Bhagavam* (pessoal e onibenevolente). A argumentação do filósofo ateu é reducionista e negativista, incapaz de estabelecer qualquer ponto positivo a respeito da temática do divino, projetando no ser humano a figura de um deus menor. Frente a este tipo de argumentação de que o homem é deus, eu sou deus, Srila Prabhupada desafiava, se você é Deus, então mostre-nos a sua forma Universal: *"You are not God, you are a dog"*, finalizava. É o que poderíamos dizer de Feuerbach.

Segundo a argumentação pervertida de Feuerbach, o homem religioso não se compromete com a mudança e a transformação, não luta contra a injustiça, o sofrimento e a miséria deste mundo e aceita todas essas coisas resignadamente, projetando sua felicidade num outro mundo. Freud e Marx adotam esta falácia e repetem com roupagem ligeiramente modificada a ladainha de Feuerbach que dizia: *"Para quem crê numa vida celestial eterna, esta vida terrena perde seu valor"*.

Esses argumentos são todos enganosos. A pessoa honestamente religiosa busca constantemente a autorrealização, o desenvolvimento da consciência, a perfeição através do trabalho e do conhecimento, importa-se e cuida do planeta, das pessoas, da família, da sociedade e do meio ambiente, de modo profundo e comprometido, incluindo nesse cuidado todas as outras espécies de seres vivos a quem vê como irmãos. Com visão equânime busca construir uma cultura de paz e solidariedade. Enfim, como argumentaram diversas vezes personalidades como Maslow, Frankl, Jung, Prabhupada, meu mestre espiritual e o Papa Francisco, só para citar alguns, são as pessoas verdadeiramente religiosas que têm a verdadeira natureza humana em mais alto grau.

Como propõe os Vedas, o ser humano, em essência, apresenta características e qualidades análogas à divindade, de mesma natureza essencial, porém, diferentemente dos filósofos ateístas, os devotos reconhecem que essas qualidades vêm de Deus. Os ateístas, por outro lado, precisariam explicar a origem destas características de divindade que eles dizem existir nos seres humanos, mas não o fazem. Essa pessoa divina e consciente é o verdadeiro agente da história, revolucionária, lutadora, questionadora, destemida e criativa por direito e constituição. Não se pode chamar a tais pessoas de alienadas, resignadas ou menos inteligentes e propensas a fugir da luta e do mundo. Muito pelo contrário, Krishna convoca Arjuna para o enfrentamento. *"Armado com este conhecimento transcendental, levante-se e lute"* (B. G. 4. 42).

Quanto ao argumento da apatia das pessoas devido ao exercício da religiosidade e a promessa de uma vida celestial, Feuerbach apenas faz bravata, pois se for feita uma pesquisa séria a respeito da vida dos grandes santos e personalidades religiosas, poderá se constatar um profundo comprometimento com a melhoria deste mundo material miserável e com o destino de todos os seres humanos, iludidos e sofredores. E, mais do que isso, será possível verificar que essas autoridades tiveram uma vida toda de lutas e sacrifícios em prol do bem da humanidade, não só pelas palavras, mas, principalmente, por atos e pelo exemplo de vida.

Para Feuerbach, os sentidos proporcionam ao homem a essência das coisas. Essa é uma crença simplista e comum na ciência e na filosofia até pouco tempo atrás, o chamado império dos sentidos, o hedonismo filosófico. Mas os sentidos são insuficientes para conhecer a realidade. Esse ponto é corroborado pelas escrituras (*Bhakti-rasamrta-sindhu*, 1. 2. 234), que explicam que a essência está para além dos sentidos:

atah sri-krsna-namadi na bhavet grahyam indriyaih
"Com estes sentidos obtusos e com esta mente material igualmente obtusa, não podemos conhecer Radha-Krishna e os nomes de Radha-Krishna".

Pretensiosamente, a ciência não aceita a hipótese Deus, proposição original, revelada, lógica, coerente e responsável. A bravata pretensiosa de que o homem é deus para o homem, continua uma ideia central na filosofia e na ciência materialista. Essa proposição metafísica fraca e rebaixada é impossível de ser comprovada pelo experimentalismo científico e não deixa de ser apenas uma opinião e uma preferência de pessoas com pobre fundo de conhecimento espiritual. Nesse caso, entre a escolha de opiniões divergentes, preferimos ficar com a opinião de devotos experientes como Srila Prabhupada e respaldados na declaração divina. Krishna diz no *Gita* 9. 11:

Avajananti mam mudha manusim tanum asritam
"Os tolos zombam de Mim quando desço sob a forma humana"

Para Feuerbach, a religião resume-se a um fenômeno antropológico contrário ao que Krishna declara: *"A religião eterna vem de Mim"*. O filósofo ateísta diz também, conforme cita Zilles, que a essência divina não seria nada mais que a essência humana, abstraída das limitações do homem individual. E apesar de negar o sujeito Deus, não elimina os predicados que dEle se afirmam, aplicando-os apenas ao ser humano. Assim, o homem seria seu próprio deus, e o começo, meio e fim da religião seria o próprio homem.

Esse meio ateísmo era amplamente debatido nos Vedas antigos, nas famosas disputas filosóficas entre os impersonalistas e personalistas. O impersonalismo admite que as qualidades divinas existem e que o ser humano poderá tê-las ao fundir-se na refulgência divina universal e impessoal *brahmajioti*. Assim, o homem pode tornar-se seu próprio deus. Essa vertente filosófica parcial aparece em religiões pseudoateístas, como o budismo. De maneira análoga acontece com a pseudorreligião proposta por Feuerbach, que mantém, segundo seu interesse e conveniência, somente uma parcela dos atributos divinos e tenta seduzir as pessoas dizendo que a fonte dessas qualidades é a própria natureza humana.

Krishna declara que essa posição impessoal é uma posição muito difícil de ser mantida, por isso mesmo, a ideia religiosa derivada dessa plataforma, que mistura ateísmo com características divinas, é incompleta e insatisfatória, pois existe a plenitude do amor pessoal para além de todo brilho e refulgência das qualidades divinas universais. Frente a essa encruzilhada surge uma questão de fé, ao que resta perguntar, que caminho o coração nos propõe? Sim, pois é no coração que o aspecto localizado de Deus, *Paramatma*, "fala" com o ser humano.

O sistema indicado por Feuerbach, e depois seguido por outros ateístas materialistas, como Marx, só é possível ser aceito com uma boa dose de fé, mas essa atitude nos parece prematura, inconsequente e enganadora. Uma religião sem Deus é naturalmente interessante aos ateístas. Já que é muito difícil negar completamente Deus, então se aceitam algumas qualidades divinas impessoais, somente aquelas necessárias para manufaturar uma teoria e lhe dar alguma coerência. Essa é, no final das contas, uma posição arrogante e ofensiva, exatamente o oposto do espírito necessário às buscas espirituais. É uma falácia querer construir o mundo de Deus, o paraíso na Terra, sem a figura de Deus como queria a serpente bíblica.

Inicialmente, a ciência tinha bons motivos para se afastar das instituições religiosas cristãs que a oprimiam e menosprezavam. Após adquirir certa maturidade, a ciência, com seu espírito liberal e pressionada pelas fronteiras do conhecimento experimentalista, aproxima-se da filosofia divina impersonalista, pois, para a filosofia científica, esse discurso era razoavelmente aceitável. Assim, vemos na atualidade um movimento de aproximação de áreas da ciência com algumas tradições espiritualistas impersonalistas, como o budismo, o misticismo, o taoísmo etc. Afinal, a aproximação do materialismo bruto, pelo menos com os aspectos impersonalistas do grande mistério, como o reservatório final de energia, a luz divina, o oceano de luz e de consciência, traz algum sentido para uma ciência em crise de legitimidade, devido a fragmentação causada pelo seu relativismo.

Será que no futuro a ciência deixará de ser materialista e se aproximará do aspecto pessoal supremo, reconciliando-se com as grandes tradições religiosas monoteístas?

Na sua antropologia dogmática, Feuerbach designa negativamente Deus e positivamente o homem e a natureza, mas a base de sua interpretação permanece ancorada na metafísica. O filósofo propõe um ser humano infinito e divino em si mesmo, mas não explica a origem e a infinitude dessa essência humana. A análise de Feuerbach é incompleta e tendenciosa, pois, sem evidências conclusivas, sugere levianamente que a matéria e os sentidos são entidades absolutas.

Há ainda outro aspecto, segundo o filósofo ateísta: "O homem é supremo para o homem". Quando o supremo não é mais Deus, mas o homem, precisamos perguntar usando a lógica relativista: mas qual homem seria o supremo? Os vencedores que contam a história? Ou os oprimidos e as minorias? Os capitalistas, os comunistas, os arianos, os nazistas, os brancos, os indígenas, os negros, os americanos, os asiáticos ou tanto faz? Parece, como dizia Dostoievski, que, sem Deus, tudo é permitido. E isso, como a história recente mostrou, pode ter desenvolvimentos terríveis.

Marx (1818-1883)

"No processo produtivo, o homem realiza a sua própria essência, volta à sua própria essência, que em linguagem teológica não é outra coisa que sua volta a Deus." (Erich Fromm)

"O espírito religioso não pode secularizar-se, pois ele é a forma não secular de um estágio da evolução do espírito humano." (Karl Marx)

"O pensamento de Goethe, Hegel e Marx estão estreitamente relacionados com o pensamento do budismo Zen." (Erich Fromm)

"As masmorras de minas, fábricas e oficinas desenvolvem propensões demoníacas na classe trabalhadora, o capital por sua vez, floresce à custa da classe trabalhadora, e consequentemente há severos conflitos entre eles." (Srila Prabhupada)

O materialismo teve um enorme impulso com o materialismo dialético, externamente revolucionário e transformador da sociedade, proposto por Karl Marx (1818-1883). Por meio desse sistema filosófico, o ateísmo materialista enraizou-se como fundamento ideológico do comunismo e do socialismo de estado. Para Marx, o homem concreto está em primeiro lugar. Não a consciência, mas a matéria, não o espírito, mas o corpo. O trabalho do ser humano não é mais a autoprodução da consciência moral, mas o trabalho prático do operário. Na sua obra o Capital, o filósofo declara *"Para mim o ideal não é nada mais que o material"*.

O sistema filosófico ateísta proposto por Feuerbach, no qual a religião era tema polêmico, é assumido como fato por Marx, que dispensa uma investigação mais séria a esse respeito. A partir da premissa ateísta, Marx idealiza uma sociedade "quase perfeita", sem distinção de classes, homogênea, na qual não existiria mais exploração do homem pelo homem e onde as necessidades materiais das pessoas e da sociedade seriam satisfeitas. No entanto, como nos mostram os Vedas, é impossível a satisfação material dos desejos e necessidades propostas pela mente humana, que por natureza é materialmente errática, obstinada e insaciável. Essa lógica de plena satisfação dos desejos como imagem de um mundo ideal é uma das principais características e mentiras do mundo materialista, seja no viés comunista/socialista como o proposto por Marx, mas, principalmente, do mundo capitalista no qual o convite ao consumismo doentio é diário e constante.

No sexto capítulo do *Gita*, onde Krishna explica o processo religioso do conhecimento, *Dhyana Yoga*, o ser humano, representado pelo general Arjuna, apresenta à Suprema Personalidade de Deus a seguinte constatação. *"A mente é inquieta, instável, turbulenta, obstinada, desenfreada e muito forte. Parece-me que dominá-la é mais difícil do que controlar o vento"* (6. 34). Ao que Krishna confirma, dizendo que a mente, além de inventar desejos (2. 54), é o repositório de todas as ideias de luxúria e gozo dos sentidos (3. 40), mas propõe limites e regulações para a satisfação das necessidades e desejos materiais. São nessas austeridades e regulações propostas por Krishna que podemos encontrar ética e moralidade que, por terem firmes raízes metafísicas, são impossíveis no materialismo.

Em Marx, encontramos uma linha mestra da argumentação ateísta, convocando as pessoas à construção coletiva desse mundo ideal sem Deus, repetindo, em um certo sentido, a argumentação falaciosa da serpente no Gênesis, de um mundo paradisíaco sem Deus. Essa é uma proposta genérica da sociedade materialista, independente do seu arranjo produtivo. *"Coma a maçã que você será seu próprio deus e todos os seus sonhos serão realizados, ninguém mais vai te explorar"*, é uma boa analogia.

No entanto, o processo histórico mostrou que o comunismo ideal proposto por Marx, a utopia marxista, não pôde ser construída e as tentativas de comunismo real faliram e o capitalismo continua estabelecido, em crise constante, produzindo uma infinidade de bens materiais e muito lixo, veneno e injustiça social. O problema é que o materialismo dialético como um todo, com sua promessa de um mundo melhor sem Deus, o *summum bonum*, é uma ilusão e uma farsa, faces da mesma moeda.

Marx propõe uma sociedade com apenas a classe do proletariado. Uma humanidade homogênea, cujo padrão de referência seria o próprio proletariado. No entanto, o corpo social é heterogêneo e só pode ser homogeneizado arbitrariamente e à força, mas o corpo social como um todo apresenta características e vocações universais distintas. Além disso, qualquer tipo de "homogeneização social" apresenta o perigo real em descambar para o autoritarismo.

Segundo o sistema social natural apresentado pelos Vedas, os trabalhadores ou o proletariado são comparados aos pés de um corpo social "natural" divino. Nesse sentido, é impossível limitar e transformar as necessidades do restante do corpo, ou seja, a cabeça, os braços e outros órgãos do corpo, em necessidades exclusivas dos pés ou base, simplesmente porque a base é a maioria social. Isso não funciona no conjunto da sociedade.

A imagem desse corpo social natural divino, chamado de *Varna* védico, ajuda a explicar por que o capitalismo nunca desapareceu, foi derrotado ou substituido, uma vez que as necessidades que ele representa são naturalmente genuínas, apesar de seriamente pervertidas. O sistema capitalista tenta transformar as necessidades de todo o corpo social em necessidades do "estômago e dos genitais", como dizia Prabhupada através do uso intensivo de marketing e propaganda. O comunismo e o socialismo também representam necessidades genuínas do corpo social, logo nunca vão desaparecer, como arrogantemente alardeiam os filósofos do capitalismo.

Basicamente, é por causa da falta de conhecimento sobre o corpo social natural divino e das ações adequadas para nutri-lo que o sistema político produtivo materialista toma decisões e ações políticas equivocadas, que produzem crises e mais crises, cujos principais resulatados são: violência, desigualdades, miséria, guerras, fome e injustiça, entre outros problemas estruturais.

O sistema ideal, proposto por Krishna nos Vedas, prevê necessidades diferenciadas para cada classe social ou parte do corpo natural divino, similarmente ao que ocorre no funcionamento de um organismo. Porém, o benefício último de todo trabalho deve ser sempre Deus que harmoniza e integra o todo social. Essa proposta de trabalho chamada de *Karma Yoga*, ou o trabalho em consciência de Krishna é explicada no *Bhagavad Gita*. Com o espírito de renuncia pelo resultado do trabalho, em prol do corpo social natural divino, com essa centralidade de Deus na sociedade humana, a riqueza produzida pode ser distribuída adequadamente, de forma verdadeiramente igualitária. A isto Prabhupada chama de o verdadeiro comunismo.

DEUS E CIÊNCIA

No materialismo dialético da pós-modernidade, no entanto, quem comanda o corpo social não é a cabeça racional, mas os irracionais desejos dos sentidos, então a cabeça social fica confusa. Os representantes da razão, da emoção e da intelectualidade, como poetas, músicos, professores, religiosos, artistas, filósofos e cientistas, entre outros, são muitas vezes, desprezados ou vítimas do sistema e não cumprem adequadamente suas atribuições. Quando a lógica é a produção e a distribuição da riqueza divina, a grande maioria das pessoas é oprimida pela secularização do mundo, pelo jogo da política e do poder, pela escravidão dos sentidos e do dinheiro e pelo roubo da propriedade divina.

Porém, mesmo que a sociedade fosse idealmente comandada ou dirigida pelos representantes do pensamento e do ser, como propunha Platão, ao invés do dinheiro e do ter, como ocorre atualmente, e existisse um sistema misto e integrado de comunismo para os trabalhadores, capitalismo para produtores e banqueiros, monarquia para os guerreiros e ditadores e anarquismo para os intelectuais orgânicos e o clero, mesmo que isso fosse possível, o resultado seria desastroso, caso não fosse colocado Deus à frente de toda motivação produtiva. Só assim o trabalho passa a ter significado libertário real, como queria Marx.

Sem Deus não existe resultado significativo real e todos os esforços levam ao enredamento ou cativeiro material, fadados a desaparecerem num curto período de tempo. Nessa perspectiva, o discurso da construção do mundo ideal, divino em seu funcionamento, mas sem Deus, no final das contas não passa de discurso. Continua sendo a falácia da serpente da história bíblica, muito atrativa, mas carregada de intenções enganadoras. O comunismo/socialismo tem muitos méritos, falta nele Deus. O capitalismo tem muitos méritos, falta nele Deus, a monarquia e o anarquismo também. Portanto, eles têm somente méritos relativos e no final das contas, mérito algum, pois falta nesses sistemas aquEle que dá sentido social, para além das posses e do simples bem-estar comum.

A humanidade, por outro lado, precisa historicamente realizar o caminho do capitalismo e do comunismo, da ciência e da tecnologia, para poder tomar consciência da necessidade de Deus e do sentido último de suas atividades, por meio do processo dialético de tentativa e erro, para só então, poder construir um relativo paraíso na Terra, mesmo sabendo que por constituição este paraíso seja impossível no mundo material dual.

Estando conectados conscientemente com Deus, então, o capitalismo, o socialismo, o anarquismo, a ciência, as artes e a tecnologia, enfim, os esforços humanos, terão muitos méritos. Essa é a verdadeira revolução, pois uma revolução material será apenas um rearranjo material, caso não liberte o ser humano, levando-o a ampliar sua consciência ao infinito e a superar o repetido ciclo de nascimentos e mortes.

133

Para Marx, a alienação tem origem nas relações de produção. No entanto, tanto operários como proprietários e principalmente estes, devido ao grande apego material que desenvolvem, parecem estar cada vez mais alienados, perturbados e infelizes. A base desta alienação não é somente a fragmentação do trabalho e a apropriação da mais valia pelos donos do capital, mas a própria fragmentação da consciência humana. A simples mudança nas relações produtivas não e liberta as pessoas, pois, a causa da alienação da consciência é o próprio materialismo. Assim o ser humano passa a projetar no exterior material, aquilo que perdeu dentro de si mesmo.

Baseados nos argumentos marxistas, Lênin passa a combater ativamente a religião, visando fazê-la desaparecer. Este movimento histórico atinge o auge da crueldade e ignorância com Stalin com ataques aos religiosos por serem religiosos. Assim é o fruto da especulação ateísta, o que parecia ser uma promessa de paraíso, acaba em morte, perseguições, sofrimento, absolutismo, execuções para milhões de pessoas. Estima-se que 20 milhões de ucranianos morreram de fome, durante a instalação do stalinismo russo, no chamado Holodomor. Neste triste episódio da humanidade, a Rússia comunista, materialista, ateísta e imperialista de Stalin, se apropriava de quase toda a comida produzida na Ucrânia dominada, para vender aos Estados Unidos, capitalista e imperialista de Roosevelt que queria levar vantagem em tudo, certo?

Este é um resultado histórico do seguimento de propostas políticas desencaminhadoras que julgavam ser possível matar Deus, aliado ao utilitarismo que se justifica na vantagem econômica como valor supremo. A mão invisível do deus mercado. Felizmente a história nos ensina que não é assim que os fatos acontecem e que não é simples, nem possível acabar com a verdadeira religiosidade humana, pois Deus é o Controlador Supremo, e o protetor dos princípios religiosos eternos.

Para Marx, a religião seria apenas um aspecto da ideologia burguesa, como reflexo ideal das relações de produção. Isto pode ser verdade em termos, mas não é aplicável a essência da religiosidade humana. Portanto, concluir que a religião é contrária a liberdade e ao desenvolvimento do homem, não deixa de ser um absurdo. Deus como criação humana, como propôs Feuerbach, é um ato irracional de fé, de modo algum provado, uma bravata arrogante, desencaminhadora e nociva que também pode se transformar em ópio para o povo e para o ser humano, como mostrou a história recente.

Apesar de mais de 70 anos de repressão religiosa e campanha sistemática contra o aspecto espiritual inerente as pessoas, promovida pelo governo do partido comunista russo, o povo eslavo na sua maioria continua considerando-se religioso. Isto é natural, pois, o ser humano é constitucionalmente um

DEUS E CIÊNCIA

ser espiritual e não é por meio da violência ou propaganda grosseira que seria possível mudar esta verdade essêncial.

O ateísmo, este sim é uma aberração, um conceito obscuro e antinatural, um desvio pervertido da verdadeira realidade humana, como já argumentamos contra Feuerbach. No entanto, como Marx acertadamente apontou, muitas religiões seculares funcionavam como o ópio do povo e ferramentas do imperialismo e do colonialismo, por compactuarem com as estruturas de poder e por alienarem seus seguidores, com doutrinas muitas vezes irracionais que reduziam a reflexão analítica, mantendo-os num espírito de conformismo passivo.

Atualmente, existem muitas religiões de categoria inferior que funcionam exatamente nos moldes denunciados por Nietzsche, Marx ou Freud, que tem como finalidade a arrecadação monetária, o exercício de poder político através de seus rebanhos eleitorais. Mais do que religiões, são verdadeiros negócios nas quais são negociadas a assistência aos fiéis e as graças divinas e onde satanás faz parte do show. Mas o verdadeiro espírito religioso com sua essência libertária e revolucionária é eterna, apesar da maneira de operar das religiões rebaixadas. É neste sentido que religiões podem ser classificadas como sendo de 1ª, 2ª, 3ª, ou mais categorias.

A verdadeira religião, no entanto, é aquela que tem como meta libertária o desenvolvimento do *Dharma* humano, o conectar-se a Deus através do trabalho e do conhecimento, para poder vê-Lo em tudo e assim poder prestar serviço devocional a Ele. Ou, nas palavras da tradição judaico cristã. *"Amar a Deus acima de tudo"*. Amor que pode ser desenvolvido pela prática da ioga do serviço devocional, mostrada no *Gita*. Na religião com R maiúsculo, o discurso e a prática precisam coincidir. Por outro lado, religiões que buscam posses, dinheiro, fama, influência política, poder, número de seguidores, seguem sendo "cachaça" do povo.

A análise feita de Marx até aqui, parece propor um Marx contrário ao desenvolvimento humano na ótica espiritual. Esta é sem dúvida, uma figura deturpada do espírito humanista da obra de Marx. O materialismo utilitário egoísta, acabou promovendo uma visão deformada do pensamento marxiano, tanto no viés comunista como no capitalista. Este é o problema do discurso no qual falta Deus, pois, assim falta também um ponto de sustentação inequívoco no sistema de pensamento proposto. Sem Deus, faltam os alicerces que impedem que o discurso seja apropriado facilmente pelas tendências demoníacas humanas e seus sistemas políticos, como por exemplo, o sistema capitalista selvagem e o sistema comunista, totalitário, partidário, burocrático e estatal.

Erich Fromm, diz no seu livro *Marx e seu conceito de homem* que a filosofia de Marx, representa um protesto contra a alienação do homem, sua perda de si mesmo e sua transformação numa coisa, é um movimento contra a desumanização e automação do homem, inerente a industrialização. Para a filosofia de Marx, o problema central é a existência do indivíduo material real, aquele que faz, e cuja natureza se desenvolve na história. Marx contempla este homem concreto, como membro cativo de uma dada classe, numa sociedade em luta. E para ele a plena realização do ser humano e sua emancipação em relação às forças sociais que o aprisionam, está ligada ao processo social.

Tal filosofia realista e existencialista, apresenta alguns objetivos semelhantes aos objetivos da filosofia vaishnava, a saber, a luta contra a alienação do ser humano. O problema central do marxismo, o indivíduo real e o cativeiro, também é central no krishnaismo. Porém, as filosofias são diferentes, o materialismo dialético de Marx e o espiritualismo dialético de Sri Caitanya, apresentado por Srila Prabhupada. Do ponto de vista relativo, apesar de trabalharem com um problema análogo, as filosofias são "antagônicas".

Muitos teóricos dizem que para Marx, o indivíduo real e concreto é material e está inserido na história. Sendo o aspecto espiritual falso e nada mais do que um reflexo mental pervertido da suposta verdadeira natureza do homem e do mundo que seriam algo derivado da materia. Na dialética espiritualista vaishnava, ocorre o oposto, pois, o homem e o mundo são declarados como sendo espirituais em sua essência, e o material dual, apesar de não ser falso, é temporário e seu reflexo pervertido.

Fazendo uma analogia, é como no espelho do mundo de "Alice no País das Maravilhas" de Lewis Carrol, o conceito de um lado do espelho assume um sentido completamente diferente do outro lado. Assim, a discussão de como transformar o mundo num lugar melhor feita por pessoas que vivem nestes mundos com perspectivas invertidas, parece conversa de louco. Mas o ser humano, devido a sua característica marginal, tenta viver os dois lados de sua natureza dual, e o faz, na maioria das vezes de maneira contraditória. A perspectiva de integração e superação da contradição só pode ser resolvida em uma plataforma espiritual superior absoluta.

No espiritualismo dialético vaishnava absoluto, a manifestação material divina tem origem e está contida na manifestação espiritual divina, entendemos que este espiritualismo dialético contém o materialismo marxista relativista, mas que o contrário não é possível nem razoável. Negar esta realidade espiritual essencial é sem sombra de dúvidas, fonte de grandes problemas como aconteceu com os marxistas.

DEUS E CIÊNCIA

Uma distorção que acabou se tornando uma visão popular sobre o marxismo é, justamente, a de que Marx negava a realidade espiritual humana, porém isto não é verdade. Marx aceitava o aspecto espiritual, mas não lhe conferia um caráter último e originário, o que Marx aceitava era que o espírito vinha da matéria, mas não negava sua existência.

A visão popular e deturpada do marxismo foi programaticamente construída no Ocidente como estratégia para impedir o avanço do "fantasma do comunismo" e difundir o medo entre a população conservadora, especialmente entre os pequenos burgueses. Na guerra ideológica protagonizada pela União Soviética e pelos Estados Unidos: por um lado, as ideias marxistas ajudaram a difundir o horizonte de um mundo sem Deus e antiespiritual, especialmente na Ásia e no leste Europeu. Por outro lado, o vale tudo usado nos EUA para combater as ideias marxianas, ajudaram a proliferar religiões tipo ópio do povo usadas para doutrinar e alienar no sentido político-produtivo, na perifieria estadunidense e nas populações segregadas dos países pobres e periféricos da África e da América Latina.

As práticas marxistas não levaram os homens que diziam aplicá-las à liberdade, pelo contrário, levaram a resultados semelhantes ou piores aos resultados conseguidos no mundo capitalista. O mundo real dos marxistas continuava sendo um lugar de sofrimento e brutal, onde quem podia mais chorava menos. Isto fica evidente nas convenções dos partidos, centrais e sindicatos marxistas onde a luta pelo poder e a inflação dos egos é tão ou mais cruel que entre empresas concorrentes do mundo capitalista.

Por que isto acontece? E a resposta é simples, a filosofia materialista é o fio condutor tanto dos arranjos produtivos e políticos capitalista e comunista, como do método científico e dos principais sistemas filosóficos modernos, entre eles o marxismo. Este movimento tem como característica a negligência e o desprezo pelo aspecto divino último, acreditando poder construir um mundo melhor, sem prestar o reconhecimento necessário a Fonte original de onde Tudo Emana. Então todos estes movimentos de fundo materialista desconectam-se da realidade gerando ilusão e muito veneno.

O tipo de ser humano proposto pela filosofia materialista é fragmentado, corrompido e degradado, vivendo num mundo de ansiedade e agitação. Um mundo pobre em encantos, mistério, beleza, cor e sabor. Por falta de nutrição espiritual adequada, e por excesso de estímulos materiais, o coração deste ser humano apodrece, levando suas ações a resultados perversos. Somente com a limpeza dos corações e a mudança nas consciências das pessoas é que os resultados poderão ser bons e isto só se consegue com o processo de ioga com o aspecto divino último.

O materialismo de Marx não prega o egoísmo do homem, e não nega a compreensão das necessidades e dos valores espirituais da humanidade, como foi propagandeado no mundo capitalista. Esta falsa imagem foi popularizada e disseminada tanto no mundo Ocidental capitalista, como no mundo Oriental comunista, nos tempos da guerra fria. No entanto, o jovem filósofo Marx declarava *"a emancipação política, não revoga, a religiosidade real do homem"*. O materialismo dialético marxiano tem fundamento num espiritualismo mais profundo, para além do mero relativismo, no qual existe a religiosidade real do ser humano, reconhecida por Marx. Por conveniência estatal, este aspecto da teoria marxiana foi escondido e combatido dentro do mundo comunista, especialmente na União Soviética.

Um dos principais propósitos declarados no sistema marxiano é a emancipação espiritual do ser humano, sua libertação das cadeias do determinismo econômico e a restituição de sua totalidade, na qual a real religiosidade humana é parcela intrínseca. Na dialética marxiana a busca pela realização e evolução do espírito humano formam um materialismo diferente, que ele denominou de materialismo dialético, no qual propõe uma aproximação e um diálogo com o importante aspecto espiritual, porém, fora da igreja, instituição que ele considerava instrumento usado pelo imperialismo para dominação da classe dos trabalhadores.

Assim como a maioria dos filósofos de sua época, Marx considerava a matéria como sendo origem e fundamento do mundo e dos seres humanos. Para ele a real religiosidade humana era uma religiosidade sem Deus, mais próxima aos moldes do budismo. Parece que o espiritualismo entra na teoria marxiana como um complemento dialético, uma necessidade teórica, mas também deixa em aberto a possibilidade de um diálogo e uma revisão, sobre os conceitos fundantes da própria teoria materialista, caso esta se torne muito contraditória e insustentável.

Para Fromm, as ideias de Marx foram sujeitas à falsificação e supressão de conceitos, tanto no lado comunista como no lado capitalista do mundo. Este rebaixamento do conceito de ser humano na teoria marxiana levou a desvios no seu sistema de pensamento que deram ainda mais, suporte ao ideal messiânico e profético daquilo que foi considerado depois como sendo a dogmática "religião" marxista, comunista e partidária.

É interessante a contradição histórica, Marx dizia que a religião da igreja burguesa era como o ópio que ajudava a alienar e manter o povo na alienação. Mas derivado de seu sistema de pensamento, foi produzida uma espécie de religião do proletariado partidário com características e maneira de agir muito semelhantes àqueles aspectos que Marx duramente criticava na igreja.

Perguntaram a Marx.

Afinal Marx, você é marxista?

E ele respondeu.

Não, graças a Deus não sou desta religião.

Sobre a alienação do ser humano

"Alienação é pecado; é a cessão que o homem faz de si mesmo, de Deus dentro de si mesmo." (Marx).

O marxismo também aliena, uma vez que o dogma marxista não purifica o coração. Mas o verdadeiro comunismo espiritual, apresentado por Srila Prabhupada, é libertário, purifica o coração, reduz o egoísmo das pessoas e promove a igualdade essencial entre todos os seres vivos.

Marx apresenta o conceito de alienação como processo de coisificação dos trabalhadores, um pecado que a pessoa faz contra si mesma ao reprimir e negar sua essência divina, desvinculando-se e abrindo mão do real significado e do resultado de seu trabalho, em prol dos proprietários do capital. Sobre este processo e suas consequências o Marx diz:

- A produção de demasiadas coisas inúteis, dá como resultado demasiados seres humanos inúteis.

- A propriedade privada nos tem feito pessoas estúpidas e parciais. O sentido de ter nos reduziu a uma absoluta pobreza interior.

- O aumento de salário, não devolve ao trabalhador o significado real do trabalho e os valores humanos dele alienados.

- O trabalho é uma autoexpressão do ser humano que num processo genuíno a pessoa desenvolve a si mesma ao realizá-lo.

- Na medida em que o ser humano seja menos, que expresse menos sua própria vida, poderá ter mais coisas, porém, mais alienada será a sua vida.

- A submissão das pessoas em uma só ocupação durante toda sua vida, impede o desenvolvimento do ser humano total, as pessoas precisam emancipar-se da influência paralisadora da especialização.

A principal crítica de Marx ao capitalismo, não é a distribuição da riqueza produzida, mas a perversão do trabalho emancipador em trabalho alienado, imposto aos trabalhadores. Goethe defendeu a ideia de que a palavra falada ameaça substituir a experiência vivida numa forma de idolatria. Fromm diz que o mesmo tipo de substituição pode ocorrer com todo tipo de ideias, ações e objetos criados pelo ser humano. Marx mostra que um tipo de substituição semelhante pode ocorrer com o trabalho e isto leva a alienação das pessoas, a partir do principal elemento de auto expressão do ser humano, o seu trabalho. Neste processo confunde-se a vida com as coisas mortas.

O divino é efetivo e ativo no que está vivo, mas não no que está morto no qual o divino é apenas passivo e para Marx o trabalhador precisa estar efetivamente vivo. O filósofo humanista segue dizendo que quando se fragmenta o ser humano, explorando-o e escravizando-o através de um trabalho alienado, voltado exclusivamente para o desenvolvimento da produção, quando se rebaixa o homem a um apêndice da máquina, então este tipo de trabalho transforma-se numa tortura e num cativeiro, que aliena brutalmente as potências espirituais humanas.

É interessante verificar uma forte analogia entre o processo de *karma yoga* ou ioga do trabalho descrito no *Bhagavad Gita* por Krishna e o processo de emancipação libertadora através do trabalho, proposto por Marx. Evidentemente é daí que vem a força da teoria marxiana do trabalho, o principal problema na abordagem marxiana é que da teoria original proposta por Deus, Deus foi retirado dela.

Marx ao defender a superação da alienação humana, fala da realização das potências espirituais divinas do ser humano e propõe um religar-se ao divino, dentro de cada ser humano, por meio da realização do trabalho vivo e libertador. Ou seja, o filósofo parece ter recortado e adaptado a antiga tradição do *karma yoga* védico, retirando, porém, Deus do processo emancipatório humano a partir do trabalho. E sem Deus como é possível qualquer tipo de emancipação real e libertadora?

Nos Vedas se afirma *"a liberdade só é possível quando se compreende Radha-Krishna"* (Svetasvatara Upanishad 3. 8). Nisto está o grande erro da teoria marxiana, a falta de Krishna. Se readmitirmos Deus na teoria marxiana ela fica perfeita. Este efetivamente é o grande desafio colocado para os teóricos do socialismo que pode fazer com que a teoria idealista-socialista fique perfeita.

Marx deixa subentendido em sua teoria que a solução para o problema da alienação pode ser abordada de duas formas distintas.

1. A luta de classes para a conquista dos meios de produção pelos trabalhadores. É o viés material da revolução externa, do enfrentamento,

das greves, dos partidos e centrais de trabalhadores. É a luta pelo desenvolvimento material e aparelhamento da classe proletariada.

2. A luta pelo desenvolvimento das potências espirituais do ser humano, através do caminho do trabalho. É a via espiritualista, da revolução interna, do avanço da consciência, tanto individual como da classe dos trabalhadores como um todo. É a execução do dever das pessoas enquanto trabalhadores, da solidariedade e da cooperação. É o desenvolvimento de um novo ser humano, universal, que não pode nem deve ser identificado com posse de objetos e tão pouco a padrões corporais, pertencimento a etnias, instituições ou nações.

Temos o entendimento de que Marx, quando propôs sua teoria dialética deixou uma porta aberta para as questões do espírito que permitiria uma revisão futura de seus princípios, tendo como base o movimento histórico. Uma alternativa para caso o espiritualismo dialético (que tem o espírito como elemento fundante) se mostrasse mais real que o próprio materialismo sobre o qual ele estabeleceu sua teoria. E é isto exatamente o que vem acontecendo na filosofia da ciência. A realidade última das coisas, se parece cada vez mais com uma grande manifestação da consciência divina, profundamente ancorada em aspectos espirituais, do que numa realidade material corpuscular e objetiva, tida como verdade científica nos tempos de Marx.

Devido aos avanços científicos, a falência do comunismo real na antiga União Soviética e a ênfase dada a revolução externa, aos seguidores de Marx é colocado o dever histórico de revisar os fundamentos da teoria marxiana para incorporar e explorar a via do desenvolvimento das potências espirituais do trabalho humano não alienado, como caminho para a revolução interna. Só depois deste despertar espiritual em conexão com o divino real é que poderá ser atingida uma sociedade ideal e um futuro melhor para toda a humanidade.

O movimento materialista e ateísta, que propunha a morte de Deus e o rompimento drástico com o conhecimento religioso e desprezava o aspecto espiritual da realidade, tanto dos seres vivos como da natureza das coisas. Que propunha tudo isto de forma irracional, arrogante e preconceituosa, está em agonia por ter perdido as suas principais certezas científicas. Suas bases teóricas se diluíram num fundo espiritual. Questões como a vida e a consciência sendo originadas espontaneamente da matéria, os átomos ou outras partículas subatômicas como sendo os elementos fundamentais de construção do mundo e dos seres vivos entre eles o ser humano, que eram amplamente aceitas no meio científico no tempo de Marx, hoje já não são mais fontes de inesgotáveis certezas para os ateístas, mas de incertezas desafiadoras, como já discutimos antes.

O espiritualismo como via alternativa de desenvolvimento humano, apontado na dialética teórica de Marx, não é um espiritualismo forte como o espiritualismo monoteísta absoluto, porém, dialético, apresentado por Prabhupada. Marx só reconhece parcialmente o fenômeno divino, restringindo-o ao ser humano e subordinando-o a matéria. É um espiritualismo muito mais fraco que a versão fraca de espiritualismo apresentada no budismo, limitada ao aspecto genérico, universal, impessoal e difuso da energia espiritual. Mesmo assim, o viés espiritual marxiano é muito pouco estudado ou praticado pelos seguidores de Marx, pois esta questão sempre foi olhada com muita desconfiança e desprezo dentro do partidão. No entanto, não existe mais possibilidade de a teoria marxista avançar sem fazer uma revisão nas suas bases conceituais.

A contraparte espiritual da teoria marxiana aparece principalmente no livro "Manuscritos econômicos e filosóficos", escrito pelo jovem Marx. Segundo Fromm, o conceito de homem e de alienação proposto por Marx nesta fase, se mantém coerente e harmônico com os escritos de Marx pelo restante de sua vida, ou seja, estes conceitos não mudaram em essência. Os Manuscritos Econômicos Filosóficos, no entanto, foi o livro menos publicado e que mais tardiamente foi divulgado mundo afora, de toda obra de Marx. Na Rússia da União Soviética, Lênin deformou a teoria marxiana focando-a unilateralmente no aspecto materialista grosseiro e a questão da espiritualidade no desenvolvimento humano foi suprimida pelo partido, desenvolvendo o dogma marxista. Passou-se a projetar o desenvolvimento humano apenas em termos externos nas artes, literaturas, esportes, produção industrial, exploração dos recursos naturais, avanços tecnológicos, entre outros, mas mutilando seriamente a teoria inicial material-espiritual de Marx, desconsiderando unilateralmente a essência dual da natureza humana e da realidade do mundo. Em outras palavras, promovendo a alienação.

Este foi sem dúvida um grande erro histórico, necessário em termos de aprendizado para a humanidade, mas um grande erro. A ausência da referência sólida da realidade última, a Suprema Personalidade da Divindade, deixou a teoria marxiana muito pouco comprometida com o desenvolvimento humano real e duradouro. Apropriando-se da teoria de Marx, Lênin e outros teóricos do partido comunista soviético, fizeram um rompimento paranoico com a questão espiritual, pois, consideravam que devido a sua história, a religiosidade do homem ocidental estaria sempre seriamente comprometida com a estrutura burguesa e com uma deturpada religião de estado que envolvia as massas num círculo alienante, vicioso e mantenedor do sistema burguês.

142

Estava montado o cenário político para, após a saída de Lênin, Stalin assumir o poder e estabelecer um regime cruel e assassino em nome de uma suposta evolução humana marxista, justificada pelo social. Poderíamos dizer para sintetizar, que sem Deus, não é possível criar um mundo divino. Sem Deus, todas as ações, filosofias e políticas humanas acabam descambando rapidamente para um sistema de tendências demoníacas, como infelizmente ocorreu com o comunismo marxista, mas também com a revolução burguesa que prometia construir um estado de bem-estar comum a partir do livre comércio.

Porém, como aponta Fromm, a ideia original de alienação proposta por Marx, não é uma ideia simplista e de categoria puramente econômica, mas uma ideia complexa de alienação daquilo que é um aspecto essencial no processo de tornar-se um verdadeiro ser humano, o seu trabalho cotidiano vinculado a prática libertadora e o real sentido da vida.

Considerar que as classes econômicas e não o indivíduo é a única realidade social é um populismo vulgar errôneo e um desvio da teoria marxiana humana. Marx tinha uma enorme fé na razão e no progresso do ser humano, era um existencialista espiritual ao seu modo. É esta dimensão espiritual que precisa ser resgatada e aprofundada no marxianismo. É necessário convocar a todos os trabalhadores para que se unam na luta por uma verdadeira revolução, que precisa iniciar com a revolução da consciência e terminar com o estabelecimento de Deus como a substância que une todos os seres humanos num corpo social divino, justo e igualitário. Assim a revolução externa individual passa a ser imediata e a coletiva, uma consequência natural.

É neste sentido a contribuição do krishnaismo como ferramenta para a construção da revolução da consciência individual-coletiva e de um mundo realmente melhor, e para auxiliar no combate à alienação intrínseca nas pessoas em geral. A estrutura filosófica krishnaista ou vaishnava pode recolocar e aprofundar a discussão do aspecto espiritual humano, reconhecida como importante por Marx e, assim, reduzir as exigências do homem em relação ao planeta e as falsas exigências do homem em relação a si próprio. E melhorar, desta forma, os trabalhadores e o mundo do trabalho. Afinal, o krishnaismo busca ser uma ferramenta para o desenvolvimento da vida simples e do pensamento elevado e para a libertação do trabalho e das consciências humanas.

Da finalidade do marxianismo

"A emancipação política não revoga, nem sequer procura abolir, a religiosidade real do homem." (Karl Marx)

Marx declara nos Manuscritos econômicos filosóficos, que o comunismo como tal não é o fim do desenvolvimento humano. Então, qual seria este fim? Paul Tillich, diz que o comunismo para Marx era um movimento de resistência contra a destruição do amor na realidade social. Para Erich Fromm o comunismo proposto por Marx é um protesto contra o desamor, contra a exploração do homem pelo homem e contra a exploração irracional da natureza a qualquer custo. O ser humano que busca a liberdade a emancipação e a plenitude não procura o domínio sobre a natureza, senão que ao se identificar profundamente com a natureza, exercita o respeito e o cuidado. Nesta interpretação, o comunismo de Marx propõe a realização de alguns impulsos religiosos profundos, comuns às grandes religiões humanistas. Assim como outros filósofos, Hegel e Marx também expressam sua preocupação com a alma do ser humano em termos filosóficos.

Por outro lado, Marx combateu as religiões alienadas que não satisfazem as verdadeiras necessidades do ser humano, tanto no plano material como no espiritual. Que não é o caso do krishnaismo, como estamos tentando mostrar. Ao combater Deus, entendemos que Marx estava combatendo deus como um ídolo. Assim o ateísmo em Marx é um pseudoateísmo misturada a uma forma avançada de misticismo racional, ou seja, Marx não era um ateísta absoluto, mas comungava este aspecto de uma religião cósmica difusa, semelhante ao que muitos cientistas ateístas modernos professam.

Para Marx, os fins espirituais do ser humano estão inseparavelmente relacionados com a transformação da sociedade em que vive; a política não é um campo que possa ser separado dos valores morais e da autorrealização das pessoas enquanto ser humano. O processo de estabelecimento desta sociedade ideal, composta por indivíduos que cooperam na sua reconstrução, estabelecem a base material para a verdadeira volta do ser humano a si mesmo.

Assim, para alguns autores como o filósofo e teólogo Paul Tillich, o marxismo seria herdeiro de um ideal messiânico e profético do sectarismo cristão e da utopia do renascimento, sem evidentemente a figura de Jesus Cristo. No ideal de uma sociedade materialmente boa, como condição importante para a realização das necessidades espirituais do homem, Marx teria sintetizado a ideia profética cristã do renascimento de uma sociedade justa e igualitária neste mundo e não no além. Este seria um dos motivos pelo qual Marx se opôs a igreja estabelecida, por esta ter, no entendimento de Marx, abandonado a utopia da construção da sociedade melhor, aqui e agora e por funcionar como restrição as reformas sociais e a emancipação humana, separando a sociedade dos valores morais.

DEUS E CIÊNCIA

A crítica feita por Marx continua sendo central e importante para a Igreja e para os movimentos religiosos como um todo. O surgimento da Teologia da Libertação, um movimento reformista, surgido nas pobres e periféricas igrejas católicas latino-americanas no fim do século XX, tentou integrar dentro da Igreja de Cristo o aspecto marxiano idealista de sociedade igualitária e justa, no aqui e no agora. Este movimento foi reprimido e censurado e seus formuladores foram condenados pelo papado de Roma.

João Paulo II e o então Cardeal Joseph Ratzinger, futuro Papa Bento XVI, diziam que apesar de Cristo ter feito a opção pelos pobres, a teologia da libertação abusava do método marxista e acabava minimizando o papel de Deus no processo de libertação das pessoas. E isto efetivamente acontecia na prática, devido evidentemente a estrutura filosófica ateísta do sistema marxiano, como temos discutido. Assim, quanto mais se falava na distribuição da riqueza, na luta das classes ou nos meios produtivos, menos se falava em Deus e mais em política. Porém, o próprio Papa reconhecia a importância cristã na opção pelos pobres e em carta aos Bispos do Brasil, disse *"a Teologia da Libertação é não só oportuna, mas útil e necessária"* (João Paulo II, 1986), mas pedia a reformulação do viés marxista da teologia da libertação.

As controvérsias geradas por estes recentes movimentos internos da Igreja Católica, mostra a importância histórica das críticas de Marx feitas ao papel imobilizador e ao fraco desempenho da maioria das igrejas e movimentos religiosos, na reforma social do mundo moderno, em direção a um mundo mais igualitário e justo. E como alertam os teólogos da libertação, parece ser evidente que um mundo mais justo também é desejo de Cristo.

A crítica marxiana a religião e a construção da teologia da libertação, são movimentos políticos marcadamente a esquerda e por exigirem mudanças materiais imediatas, enfrentam e incomodam a ordem estabelecida. No caso da teologia do cativeiro e da libertação, incomodam, especialmente, aquela parte da igreja católica e outras correntes religiosas cristãs conservadoras vinculadas ao imperialismo, ao colonialismo e ao continuísmo, devido ao seu alinhamento político marcadamente a direita. Assim a questão política passa a englobar e sufocar a questão religiosa, gerando desconfianças e ressentimentos de ambos os lados.

Srila Prabhupada, fundador da *International Society for Krishna Consciousness* a ISKCON, alertava sobre os riscos que a política pode causar dentro das instituições religiosas, por gerar desavenças entre os devotos e desagregação estrutural.

Para Fromm, o sistema social e político estabelecido pelos comunistas soviéticos, foi uma contradição ao humanismo marxiano e o resultado prático deixou muito a desejar. No sistema soviético a finalidade da organização social não era mais a emancipação real do ser humano, como propunha Marx, mas o sucesso do industrialismo imperialista russo ou chinês no arranjo produtivo comunista. E atualmente a ênfase no materialismo e o aparente sucesso material do arranjo produtivo capitalista, tem silenciado temporariamente muito das ideias humanistas-espiritualistas expressadas por filósofos como Marx, Nietzsche e Kierkegaard.

Freud (1856–1939) e o ateísmo psicanalítico

"A psicanálise em si, é o distúrbio mental ou enfermidade do espírito a que ela mesma se propõe a curar." (Harold Bloom)

"Freud estava errado ao sustentar que a religião é por si uma neurose compulsiva. Algumas são, outras não. Qualquer setor da vida pode ser utilizado como neurose compulsiva." (Rollo May)

"Mesmo sabendo não ser possível atingir a satisfação de um prazer pleno neste mundo, me pergunto, por que as pessoas não podem deixar de tentar realizar esta plenitude?" (Sigmund Freud)

"Ao que tudo indica, o propósito de que o ser humano seja feliz não faz parte do plano da Criação." (Sigmund Freud)

Sigmund Schlomo Freud (1856–1939) elucidou que a psique humana é fonte de uma quantidade inesgotável de desejos, impulsos e motivações, a grande parte delas inconscientes. Segundo Freud, as pessoas funcionam segundo dois princípios fundamentais, obter prazer e satisfação e, por outro lado, evitar a dor e o sofrimento. Neste contexto, a principal motivação para a ação humana seria o impulso sexual, considerado o maior êxtase possível de ser obtido pelas pessoas em geral. Concordamos com Freud que a energia sexual é a principal motivação que move o mundo material, mas não a principal motivação para a ação humana. A força do impulso sexual é descrita nos *sastras* védicos que também indicam a regulação deste impulso, permitindo o intercurso sexual apenas dentro do casamento. Caso contrário haverá a degradação social. Sobre este ponto Krishna declara no *Gita* 7. 11:

Dharmaviruddho bhutesu kamo'smi.

"Eu sou a vida sexual que não é contrária aos princípios religiosos"

Para Freud os alicerces da psique e da consciência humana vêm da interação entre fatores constitucionais que já estão presentes desde o nascimento do indivíduo, muitos destes fatores seriam genéticos e outros, como as experiências dentro do útero materno, do nascimento, etc, seriam fatores exercidos pelo meio ambiente, desde o início da vida. Ambas classes de fatores se entrelaçariam fortemente para formar ou estabelecer o que ele chamou de natureza ou condição humana, em uma espécie de determinismo histórico, derivado destas interações materiais no início da vida.

No início da condição humana freudiano, vemos surgir uma espécie de explosão de consciência, a psique humana, que armazena nela mesma todas as informações e conhecimentos instintivos que vão dar ao ser em desenvolvimento, sua natureza humana. Temos neste ponto os mesmos problemas abordados no capítulo "Sobre a Consciência" no qual discutimos que é altamente improvável que possa surgir a consciência apenas da interação entre condições materiais.

Assim como vários pensadores de sua época, Freud também tentou substituir Deus pela ciência, trazendo a discussão científica para o campo da subjetividade humana. Segundo Freud, a ciência e a técnica podem fazer o homem se assemelhar a Deus. Para o pai da psicanálise o Deus das religiões, seria apenas um fenômeno psicológico, manifestado num estágio infantil do desenvolvimento histórico humano e a religião seria uma ilusão vinda dos simples desejos de proteção, sugerindo que as manifestações religiosas nas pessoas a são muito próximas a delírios psiquiátricos.

O mito do assassinato do pai é um mito fundante para a psicanálise freudiana, mas afirmar que o mito paterno seja a origem de Deus, apesar de estar em conformidade com o espírito da época, é simplista, leviano, obscurantista e fantasioso. Freud projeta um poder divino e demasiado para o mito da paternidade desenvolvido por ele. Efetivamente é impossível afirmar algo positivo sobre a subjetividade de Deus que não seja pelo processo de revelação descendente e autorizado.

Freud argumentava que as religiões da humanidade são como delírios coletivos, usados como proteção contra o sofrimento. Ao adotar um esquema evolucionista para tentar explicar o surgimento das religiões, desconsidera os Vedas e conclui que a origem da religião seria o totenismo, no qual teria sido incorporado depois, especialmente no judaísmo e no cristianismo, um forte e problemático sentimento de culpa e de pecado. Para o Freud, a religião tem muita semelhança a ilusão e a fantasia, além de produzir nos fiéis o temor e o medo do castigo, despertando um desejo de infantil por consolo. Assim, por apresentar este conjunto de características, a religião seria, além de uma construção histórica, uma neurose compulsiva da cultura humana.

Segundo Freud a religião seria uma poderosa distração para as pessoas que traria satisfações substitutivas e as entorpeceria frente a angústia da realidade, mas podemos verificar que é o modo de vida materialista atual que produz milhares de distrações alienantes, propõe infinitas e ilusórias necessidades de consumo, produz e distribui gigantescas quantidades de entorpecentes, entre outras fugas. A prática dos princípios religiosos estabelecidos por Krishna, por outro lado, desenvolve uma inteligência superior, aumenta a concentração, reduz a ansiedade, amplia e liberta a consciência, promove a saúde e o bem-estar, entre outros benefícios.

A técnica religiosa, segundo defendia Freud, depreciaria o valor da vida e desfiguraria a imagem do mundo real de modo delirante, intimidando a inteligência humana. Novamente, esta conclusão freudiana é tendenciosa e não se aplica aos Vedas. No *Gita* 2.52, Krishna declara a necessidade de o ser humano desenvolver sua verdadeira inteligência, chamada de *buddhi*.

Yada te moha-lkalilam buddhir vyatitarisyati
"A transcendental inteligência que ultrapassa a ilusão"

Evidentemente, técnicas religiosas motivadas materialmente, podem levar a um dogmatismo irracional e a uma moralidade opressora a ponto de reprimir e intimidar a inteligência humana, mas isto não se aplica aos princípios religiosos eternos do *Dharma*. Sobre esta questão Krishna declara no *Gita* 18. 66, para as pessoas que entenderam a meta da vida.

Sarva-dharman parityajya mam ekam saranam vraja
aham tvam sarva-papebhyo moksayisyami ma sucah
"Abandona todo tipo de religião e simplesmente se renda a Mim.
Eu te protegerei de todas as reações. Não temas."

Freud acusou a religião de depreciar o valor da vida, sobre isto podemos dizer que o movimento religioso para a Consciência de Krishna, promove o vegetarianismo como dieta mais saudável para a humanidade. Esta proposta filosófica-religiosa tem como fundamento a irmandade universal entre todos os seres vivos. O modo de vida vegetariano promove a não violência ea misericórdia para com os animais, ampliando e dando novo significado para o valor da vida de todos os seres em si e não somente dos humanos. Parece que a ideia de um mundo vegetariano e de uma libertação animal nunca passou pela cabeça de Freud.

Sobre a questão de desfigurar ou distorcer a imagem do mundo real, levantada por Freud, podemos tirar nossas conclusões a partir da descrição

DEUS E CIÊNCIA

de mundo feita no sagrado *Srimad Bhagavatam,* em um tempo muito anterior aos escritos bíblicos do Velho Testamento. Assim podemos comparar estas características descritas na literatura religiosa, com as características do mundo que conhecemos hoje e verificar se existe, e em que grau, a tal desfiguração da imagem do mundo real atual.

No décimo segundo canto, capítulo dois, chamado "Os sintomas da era de Kali", encontramos a seguinte descrição do mundo materialista futuro. S. B. 12. 2. (1-16). A era de Kali é a atual era em que vivemos, iniciou a 5 mil anos atrás e tem pela frente mais de 400 mil anos.

Tatas canu-dinam Dharmah satyam saucam ksama daya
kalena balina rajan nanksyaty ayur balam smrtih
" Na era de Kali, a religião, a veracidade, a limpeza, a tolerância, a misericórdia, a duração da vida, a força física e a memória das pessoas, todas diminuirão dia a dia."

Vittam eva kalau nrnamjanmacara-gunodayahDharma-nyaya-vyavasthayam
karanam balam eva hi
"Nesta era, só a riqueza será considerada sinal de bom nascimento, comportamento adequado e boas qualidades. A lei e a justiça serão aplicadas apenas com base no poder do indivíduo."

Dampatye 'bhirucir hetur mayaiva vyavaharike
stritve pumstve ca hi ratir
"Homens e mulheres viverão juntos por mera atração superficial.
O sucesso nos negócios dependerá de fraudes.
A masculinidade e a feminilidade sexual serão indefinidas."

Lingam evasrama-khyatav anyonyapatti-karanam
avrttya nyaya-daurbalyam panditye capalam vacah
"A posição espiritual de alguém será definida por símbolos externos.
A dignidade do homem será avaliada pela sua riqueza. Será considerado erudito quem for demagogo."

Anadhyataivasadhutve sadhutve dambha
eva tu svikara eva codvahe snanam eva prasadhanam

"Será considerado que pessoas pobres não poderão ser religiosas.
A hipocrisia será aceita como virtude. O casamento será feito apenas por um acordo verbal.
As pessoas pensarão que estão limpas apenas por terem tomado um banho."

Lavanyam kesa-dharanam udaram-bharata svarthah
yaso rthe Dharma-sevanam
"A beleza será julgada pelo cabelo das pessoas. Encher a barriga será a meta da vida.
Os princípios religiosos serão observados apenas por causa da fama."

Evam prajabhir dustabhir akirne ksiti-mandale
brahma-vit-ksatra-sudranam yo bali bhavita nrpah
"À medida que a Terra se encher de população corrupta,
quem quer que se mostrar ser o mais forte obterá o poder político."

Praja hi lubdhai rajanyair nirghrnair dasyu-Dharmabhih
acchinna-dara-dravina yasyanti giri-kananam
"Os governantes serão avarentos, desumanos e sem misericórdia e se comportarão como ladrões ordinários. Tendo sido roubadas suas mulheres e suas propriedades, os cidadãos fugirão para as montanhas e florestas."

E o *Bhagavatam* (O Livro de Deus), segue descrevendo mais sintomas da atual era cósmica em que vivemos. Na cosmologia védica esta era apenas começou, mas já é possível verificar indícios da maioria das predições históricas reveladas e ao que tudo indica estes sintomas defeituosos tendem a aumentar e se aprofundar na sociedade humana futura, mostrando um caminho de barbárie.

As pessoas serão atormentadas pela fome e por impostos excessivos. Atingidos pela falta de água as pessoas ficarão completamente arruinadas. Sofrerão muito com o frio, o vento, calor, chuvas e neve. Serão atormentadas por desavenças políticas, fome, sede e doenças, sofrerão de severa ansiedade. A duração de vida dos seres humanos diminuirá, assim como o tamanho de seus corpos. Os princípios religiosos serão arruinados e as religiões se tornarão ateístas. A maioria dos governantes serão ladrões e as pessoas se ocuparão em roubar. Haverá muita mentira e violência

DEUS E CIÊNCIA

desnecessária e as pessoas de um modo geral se reduzirão ao nível de trabalhadores braçais explorados. As árvores diminuirão de tamanho, as nuvens e a atmosfera será carregada de relâmpagos, os lares serão desprovidos de piedade, e todos os seres humanos parecerão asnos.

Dharma-tranaya sattvena bhagavan avatarisyati

"Neste momento, Deus em Pessoa, aparecerá na Terra e agindo com o poder espiritual salvará a religião eterna."

No capitulo três deste mesmo canto o tema volta a ser apresentado S. B. 12. 3. (30-45), resumiremos mais destas características a seguir.

Haverá predominância de engano, mentira, preguiça, sonolência, violência, depressão, lamentação, confusão, medo e pobreza. As mulheres, deixando de ser castas, vagarão à vontade de um homem para outro, terão mais filhos do que podem cuidar, perderão toda a timidez, falarão sempre com aspereza e exibirão más qualidades.

As cidades serão dominadas por ladrões, os pais de família virarão mendigos, os sacerdotes se tornarão ávidos por riqueza. Mesmo sem haver qualquer tipo de emergência, as pessoas considerarão bastante aceitável qualquer tipo de ocupação degradada. Os trabalhadores abandonarão um patrão de caráter exemplar se este perder sua riqueza. Os patrões abandonarão trabalhadores incapacitados, mesmo que estes trabalhadores e suas famílias tenham dedicado a vida em prol do patrão.

As vacas serão abandonadas ou mortas quando deixarem de dar leite. Os homens serão controlados por mulheres e pessoas completamente ignorantes falarão para plateias sobre religião.

A mente das pessoas estará sempre agitada. Haverá falta de roupas, comidas e bebidas adequadas que estarão todas contaminadas. As pessoas serão incapazes de ter descanso apropriado, haverá ódio mútuo entre elas até por causa de algumas moedas. Por motivos fúteis elas estarão prontas a morrer e a matar os próprios parentes. As pessoas não protegerão mais seus pais idosos, filhos ou cônjuges respeitáveis. Totalmente degradadas, só cuidarão de matar sua fome e ter algum sexo, sua inteligência será desviada pelo ateísmo. Os objetos, os lugares e a própria natureza humana estarão todos poluídos. Esta era cósmica apresentará um oceano de defeitos.

A conclusão evidentemente é que a visão de Freud sobre a religião como uma satisfação substitutiva que entorpeceria o espírito humano frente a angústia da realidade, é bastante restrita e particular e não pode ser aplicada aos Vedas. O *Bhagavatam* amplia esta questão da angústia e da realidade humana ao apresentar um prognóstico da futura humanidade.

O entendimento freudiano não dá conta do fenômeno religioso mostrado nos Vedas e não consegue suprimir Krishna de lugar nenhum, muito menos da psique humana, uma vez que Krishna é aquele que é a origem da consciência. No *Gita* 10. 22:

Indriyanam manas casmi bhutanam asmi cetana
"Dos seres vivos Eu Sou a consciência e a energia vital."

O supereu e a consciência moral postulados por Freud, apresentam muitas características divinas próprias da Superalma, o aspecto onipresente de Krishna como testemunha e observador das ações e de toda a vida do eu individual. A Superalma é o principal conhecedor do corpo e senhor da natureza material, que não tem começo nem fim e é a fonte de todos os sentidos materiais.

Como seria possível o ser humano ser a fonte de um supereu onisciente, como queria Freud, de quem nada do que se passa no íntimo da psique humana pode escapar? Nem pensamentos nem nada? Para Freud seria devido a este supereu, junto com a consciência moral que tudo que foi formado alguma vez na vida psíquica de uma pessoa ficaria armazenado e não poderia mais sumir. Mas como Krishna afirma no *Gita* 4. 5, é d'Ele esta função de testemunha onisciente em todos os seres vivos, é Sua função como Superalma ou *Paramatma*, e não do ser individual.

Bahuni me vyatitani janmani tava carjuna
tany aham veda sarvani na tvam vettha parantapa
"Ó Arjuna, tanto Eu quanto você já passamos por muitos e muitos nascimentos.
A diferença entre nós é que Eu posso lembrar de todos eles e você não."

Ao tentar explicar a estrutura e a dinâmica do inconsciente humano, Freud atribuiu algumas propriedades de natureza espiritual-divina ao psiquismo do ser humano individual, porém, similar ao que fez Feuerbach, sem explicar a origem desta natureza transcendente do supereu. E de forma um tanto quanto neurótica e agressiva, simplesmente reprimiu e negou a possibilidade de Deus no mundo, particularmente o aspecto de Deus-Pai.

Na sua juventude, Freud projetava uma expectativa de que com a ajuda da inteligência humana, da ciência e da técnica, seria possível superar a ilusão religiosa da sociedade e então, conduzir toda a humanidade para um estágio mais maduro e evoluído de desenvolvimento. Acreditava que no futuro a ciência assumiria naturalmente três funções exercidas até então pelas religiões, a saber:

- Exorcizar os temores das pessoas em relação aos fenômenos da natureza.

- Reconciliar as pessoas com a crueldade do destino, particularmente a que é demonstrada na doença e na morte.

- Compensar as pessoas pelos sofrimentos e privações que a vida civilizada em comum impõe.

O fato é que neste terreno, a ciência moderna não conseguiu fazer o que Freud esperava que ela fizesse e fica cada vez mais evidente as limitações das instituições científicas para efetivamente resolver ou mesmo amenizar os problemas intrínsecos da natureza humana. Somada esta a outras frustrações históricas como o desenvolvimento do totalitarismo e das grandes guerras imperialistas no início do século XX, Freud velho tornou-se mais amargo e desiludido, mas ainda apegado a suas construções teóricas materialista e ateísta sobre a psique humana. Assim como Marx, com a construção da sociedade ideal, Freud inaugurou uma espécie de religião psicanalítica. A psicanálise foi considerada por algum tempo um tipo de compensação e uma religião para a burguesia.

A linha de argumentação freudiana foi importante para avaliar vários aspectos da prática e da cultura religiosa ocidental, o judaísmo, no qual Freud nasceu e também o cristianismo e o islamismo. Todas estas tradições religiosas têm Deus como o Pai-Todo-Poderoso. São religiões historicamente paternalistas e poderíamos dizer machistas. No entanto, a linha argumentativa freudiana não é adequada para interpretar e muito menos criticar o aspecto Radha-Krishna de Deus no qual Deus é sempre uno e dual ao mesmo tempo. Apesar de nos referirmos a Deus como Krishna com seu aspecto masculino e positivo, Deus é sempre simultaneamente Radha-Krishna, feminino e masculino. Efetivamente uma religião na qual os aspectos feminino e masculino são integrados de forma harmônica, num Todo unitário e separado simultaneamente e de forma inconcebível, supera a perspectiva neurótica e unilateral sobre a qual se referia Freud com o seu traumático mito paterno.

Na polêmica declarada contra a religião, Freud insistia em reduzir toda religião ao desejo por segurança e pela presença do pai. Essa redução só faz sentido, segundo Bloom (2004), em um universo de discurso hebraico, onde a autoridade sempre reside em figuras do passado do indivíduo, e raramente no próprio indivíduo. Para Freud o homem comum não consegue imaginar a Providência, a não ser na figura de um pai grandiosamente elevado. Isto até podia ser válido no Ocidente, no entanto, entre todos os relacionamentos mostrados por Radha-Krishna em seus passatempos eternos, o de pai é um dos relacionamentos menos enfatizado.

A escritura védica dá ênfase ao aspecto preferencial de Deus, como criança, filho, amigo, musicista, vaqueirinho brincalhão e enamorado. Mas Deus também se mostra como mestre espiritual, esposo, pai, rei e devoto. Além disso, são mostrados outros aspectos, como a terrível e gigantesca forma universal descrita no capítulo onze do *Gita*. Nesta variedade de humores apresentados pela Suprema Personalidade de Deus o aspecto Pai, Senhor Todo Poderoso, que julga e pune e deve ser temido e respeitado, semelhante ao humor mostrado por Javé na tradição judaica/cristã, é longe de ser o aspecto e humor predominante em Deus. Deus é uma criança azul que canta, brinca e dança. *"Eu acreditaria num Deus que pudesse dançar"* (Nietzsche).

Assim, o discurso freudiano de religião neurótica, derivada de um possível desamparo infantil que busca pela presença paterna é inapropriado e deslocado, mostrando uma interpretação parcial, sexista, "especista", materialista e evolutivista das religiões. É um querer encontrar uma causa material para um fenômeno espiritual.

É impossível concluir a partir do inconsciente humano a inexistência de Deus, como fez Freud. Alfred Adler, médico psiquiatra austríaco fundador da psicologia do desenvolvimento individual, contemporâneo e colega de Freud, defendia exatamente o oposto de Freud e dizia que a divindade é exatamente o conceito e a possibilidade de manifestação mais brilhante possível aos seres humanos. Glynn, comentando sobre esta questão diz:

> A embotada visão freudiana sobre a crença religiosa moldou a perspectiva da maioria dos profissionais da saúde mental. Freud declarava que a nova religião-ciência, suplantaria a velha religião. Freud acreditava ter fornecido uma explicação completa e científica da vida mental que poderia derrubar e substituir a crença tradicional religiosa da alma. E este ideal ateísta, preconceituoso por princípio, foi avidamente assumido pela comunidade científica, especialmente no século XX. A reboque a sociedade tecnológica se moldou cada vez mais a estes termos e hoje, mais do que nunca vivemos numa era freudiana.

DEUS E CIÊNCIA

As perspectivas freudianas em relação a religião científica se mostraram, especialmente nos últimos 30 anos, um grande erro. Contrariamente aos seus próprios ensinamentos, nos quais propunha uma ruptura com a figura paterna e com uma religião neurótica e parcial, Freud acabou se tornando ele próprio uma sombra divina para seus seguidores, além de representar uma figura paterna genérica na cultura ocidental, recebendo o título de pai da psicanálise.

Estudiosos renomados de psicologia e psiquiatria como Adler, Frankl, Maslow, Jung, May e Grof, para citar alguns, tem encontrado no aspecto espiritual a base do fenômeno humano, aspecto responsável direto pela saúde e felicidade das pessoas. O desenvolvimento do aspecto espiritual tem se mostrado terapia eficientíssima contra os chamados males da modernidade, como: suicídio, alcoolismo, depressão, stress, drogas, recuperação de cirurgias, cura do câncer e outras doenças. Segundo Larson (1995), investigações clínicas baseadas em fatos permitem fazer estas afirmações. Nesta mesma linha Hridayananda (2013), explica que a religiosidade tende a aprimorar a qualidade de vida, e constata que existem muitos artigos sendo publicados em revistas médicas não religiosas muito respeitadas, mundo a fora, expondo que pessoas de fé profunda se recuperam melhor de doenças.

A fé humana, este sentimento, esta intuição que está ancorada nas profundezas do inconsciente das pessoas é parte constituinte da essência humana. Todos os seres humanos naturalmente intuem um relacionamento de pertencimento ao Todo, uma relação de irmandade universal, uma conexão contínua e fundamental com o Supremo Mistério, mesmo não sabendo como explicar este sentimento profundamente religioso de forma racional.

Nietzsche (1844 – 1900)

"Nietzsche não clama por uma volta à crença convencional em Deus, mas indica apenas o que acontece quando uma sociedade perde seu eixo." (Rollo May)

"Estes existencialistas são na sua maioria filósofos ateus frustrados que alardeiam a tristeza. Eles propõem um mundo natural que não permite ao ser humano atingir a felicidade. Vivem uma filosofia suicida, desesperada, inconsolável e profundamente pessimista, na qual tanto o Universo como os seres humanos são indiferentes uns aos outros. Para eles a existência ou não de Deus não importa. Sendo assim, não existe a possibilidade da liberdade transcendente e outra opção que não seja a morte." (Hrinayananda Das Goswami)

É famosa a sentença na qual o filósofo proclama em suas obras, *A Gaia Ciência* e em *Assim falou Zaratustra*: *"Deus está morto"*. A respeito disso, vi Goura Nataraj, um devoto de Krishna, nos seus tempos de estudante de filosofia, com a seguinte ideia estampada na frente de sua camiseta: Nietzsche disse. – Deus está morto. E na parte de trás da camiseta. Deus disse. – Nietzsche está morto.

Esta passagem figurada da morte de deus gera controvérsia e confusão. Nietzsche queria matar deus ou apontava para uma tendência da sociedade moderna em querer matar deus e colocar no seu lugar a ciência? E que deus é este que o filósofo dizia estar morto?

Nietsche apontava para a tendência, existente na atual *Kali Yuga*, para a irreligião, a perda da sacralidade e o desencantamento do mundo e da humanidade. Mas Deus com D maiúsculo, nunca morreu, ou como diz Savian Filho (2008), *"Deus ressuscitou. E se tornou um dos personagens principais tanto da cultura quando da política contemporânea, a despeito de todas as expectativas sobre sua morte no início da modernidade"*.

Para o filósofo existencialista Friedrich Wilhelm Nietzsche, deus aviltaria o homem, que para emancipar-se deveria recusá-lo e diz: *"O cristianismo promete tudo, mas não cumpre nada"*. Para ele, a razão e toda a vida psíquica tem a finalidade de estar a serviço do aspecto biológico. Portanto nesta lógica é possível aceitar raciocínios confusos como este apresentado a seguir, que conta a história de um amigo meu, que se achava seguidor de Nietzsche e dizia, com uma pretensão e desatino absurdos:

- Quando eu tiver filhas, manterei relações sexuais com elas, já a partir dos 12 ou 13 anos.

- Mas por quê?

- Por mera satisfação dos instintos. Tudo aquilo que satisfaz os meus instintos eu considero bom e não vejo porque não devesse fazê-lo.

Hoje, mais de 25 anos depois de eu ter ouvido esta pequena história eu retorno a escrita deste livro e neste período acompanhei um pouco da errante trajetória de vida deste meu amigo que teve filhos, entre eles uma linda filha que hoje já é adulta. Evidentemente que ele nunca cumpriu a sentença proposta por ele mesmo, simplesmente para satisfazer os seus desejos biológicos. Sua proposta não passava de bravata juvenil para chocar os seus ouvintes. Assim também me parece ser a proposta de Nietzsche para a morte de Deus.

Estes são alguns dos resultados práticos em aceitar o ponto de vista ateísta, de que o homem e não Deus é a medida de todas as coisas, de que o homem é deus de si mesmo. Sem a referência a moralidade vinda de Deus e dos princípios religiosos obtém-se perversão e ilusão, confunde-se as absurdas

DEUS E CIÊNCIA

proposições da mente, instigada pelos sentidos descontrolados, como sendo algo bom por dar prazer imediato. Felizmente, para este meu amigo, a vida ensina, e mostrou a ele um sentido que o fez refletir e ponderar sobre a loucura proposta pelo império dos sentidos.

A ideia de prazer irrestrito parece ser natural, provocativa e sedutora, caso contrário as pessoas não teriam esta concepção tão fortemente arraigada dentro de si mesmas, como argumentou Freud. *"Mesmo sabendo não ser possível atingir a satisfação de um prazer pleno neste mundo, me pergunto, por que as pessoas não podem deixar de tentar realizar esta plenitude?"* No entanto, não é possível chegar a este prazer irrestrito através da grosseira satisfação dos insaciáveis desejos da mente e dos sentidos, como explicam os Vedas, a realização desta pulsão para o prazer infinito só é possível se a pessoa chegar a conhecer a Fonte de Todo Prazer. Este é um dos significados do nome de Krishna. Na nomenclatura espiritual esta condição chama-se de bem-aventurança espiritual ou *ananda* em sânscrito. Este é exatamente um dos propósitos declarados do Movimento para a Consciência de Krishna, desenvolver e treinar a consciência das pessoas para que elas se tornem capazes de atingir a bem-aventuraça, avançando no conhecimento e na busca individual e coletiva por Deus, a Fonte Suprema de Prazer.

O império dos sentidos é um dos frutos maduros da filosofia ateísta, mas que leva ao caos individual e social, onde nada tem valor real, a não ser a satisfação imediata e irrestrita dos desejos e instintos. Parece-nos evidente que uma sociedade baseada neste princípio, seria uma sociedade demoníaca e infernal. Por ser impossível atingir a satisfação plena dos seus sentidos, as pessoas desenvolveriam muita frustração, egoísmo, indiferença, irritação e estresse, apresentariam muitas compulsões, obsessões, neuroses, paranoias e psicoses, entre outros tipos de transtornos, não apresentariam qualquer boa educação e o índice de violência e suicídio seriam enormes. A semelhança com nossa sociedade atual não é mera coincidência. Portanto, para o bem da saúde das pessoas e das comunidades é necessário rejeitar radicalmente as ideias ateístas, como a de que o ser humano é a medida de tudo, pois elas são venenosas para o espírito humano.

Para Nietzsche, o além foi criado pelo homem e seria apenas um nada, para ele a ideia metafísica de um além teria nascido da fonte terrestre original, no qual o nada assumiu o papel de deus. Deus seria apenas a máscara do nada. Assim, a morte deste deus possibilitaria a emancipação dos homens. Segundo ele, é preciso deus morrer para nascer o ser humano emancipado e pleno que o filósofo chamou de super-homem. Não haveria verdade, tão pouco a natureza absoluta das coisas, pois, não existiriam as coisas em si. A transcendência das coisas seria apenas um nada. Para Nietzsche, a vida seria a única realidade e portanto, se o ser humano que ser deus, precisa antes matá-lo.

Se por um lado, a argumentação de Nietzsche tenta levar o ateísmo ao seu clímax, evidenciando sua motivação primária e essencial, na arrogante tentativa teórica de matar Deus. Por outro lado, denuncia de modo filosófico aquilo que seria a prática diária e constante do sistema materialista, industrial e imperialista que atualmente domina o mundo e tenta na prática, construir o mundo sem Deus. Os diversos sistemas políticos e filosóficos se baseiam nesta morte simbólica de deus.

O *Srimad Bhagavatam*, literatura sagrada que relata muitos dos passatempos eternos de Krishna, descreve muitas destas tentativas de seres com motivações demoníacas em matar Deus. Porém nesta luta entre o bem e o mal e a preservação dos eternos princípios religiosos, o resultado é sempre inequívoco, de uma forma ou de outra, Deus é quem mata os seus oponentes demoníacos, protege seus devotos sinceros e mantém os princípios da religião eterna. Isto também aconteceu no caso de Nietzsche, Deus permanece, como discutiram, entre outros, Frankl (1985) e Cruz (2004), além disso a história recente mostra a expansão dos movimentos religiosos no mundo.

As pessoas continuam crendo, se relacionando com Deus de modo positivo e se tentam efetivamente descobrir o super-homem dentro de si é através da profunda conexão com Deus, com seus ensinamentos através dos fundamentos espirituais dos seres vivos e do mundo em si. A realização desta categoria de super-homem, proposta por Nietzsche, ou homem-deus, mostrada por Jesus Cristo, só é possível através da reconexão com o divino que culmina na prática da Ioga da Devoção, que leva ao princípio do *"Amor a Deus sobre todas as coisas"*, ou como ensinou Prabhupada, ao amor puro por Krishna. Por outro lado, o filósofo do vazio está morto, vítima do tempo eterno que é outra forma declarada de Deus. Daí aquela brincadeira na camiseta dos devotos sobre Nietsche estar morto.

A principal motivação dos grandes e poderosíssimos seres demoníacos, que receberam seus poderes da própria divindade, é tentar matar Deus. Porém, jamais conseguem realizar o seu intento, como mostram os Vedas. O que não poderia ser diferente, pois Deus é a fonte suprema, inclusive dos seres demoníacos. Devido a misericórdia imotivada, no final destes passatempos estes seres acabam retornando e se fundindo a forma universal de Deus.

A frustrada tentativa nietzschiana de matar Deus é uma postura demoníaca, segundo a classificação do *Gita*. Assim como os grandes demônios descritos no *Bhagavatam*, Nietzsche pensa em Deus o tempo todo, sua vida e

DEUS E CIÊNCIA

obra refletem esta imensa preocupação com Deus. Porém, o seu relacionamento com o fenômeno divino parece ser negativo e destrutivo. O filósofo não nega absolutamente Deus, mas o pressupõe sendo apenas o vazio. Mas tentar matar Deus e estabelecer o império dos sentidos no dia a dia não é assim tão fácil, como descobriu Nietzsche. Segundo os Vedas pode-se afirmar que matar Deus, na forma que for, é impossível. E, hoje, após um certo afastamento temporal, podemos ver que tanto a fantasiosa proposição nietzschiana, ou a panfletária tentativa histórica do comunismo marxista estatal, de matar Deus, não passaram de bravatas arrogantes. Apesar do evidente aumento do materialismo e do ateísmo no mundo, Deus permanece e o que se mostra um grande vazio é a matéria.

A vida no seu desenvolvimento, aponta para um sentido. A história do homem e do mundo aponta para um sentido. E seria o homem, ou mesmo o super-homem a origem deste sentido? A flecha do tempo e as irreversibilidades também mostram um sentido. Seria o homem também responsável por isto?

O ateísmo diz que o sentido das coisas vem do nada. Esta é uma teoria perversa, fortemente incrustrada na mentalidade científica e em algumas religiões niilistas. Se é necessário pensar em Deus, se é necessário se relacionar com Deus como faz Nietzsche, é mais inteligente fazer isto de forma positiva e construtiva ao invés de uma forma negativa ou neutra. Porque o sentido natural do homem, ou de um possível super-homem, é o bem absoluto, precisa ser. Toda argumentação do tipo a vida vem da matéria, ou o sentido vem do nada, ou Deus está morto, são argumentações invejosas na sua origem. E através da inveja não é possível construir um mundo melhor. Porque o caminho da inveja é perigoso, leva a conflitos, misérias, violência e loucura. É o mundo cão. Em resumo é como no ditado popular que afirma, "a inveja é uma merda".

Porque não é possível aceitar em sã consciência, trocar o sentido misericordioso do mundo, pelo mundo niilista da inveja. Principalmente porque se sabe que o sentido permanece e os invejosos morrem. Apesar de toda a bravata ao gritar aos quatro cantos, Deus morreu, o filósofo ateísta substituiu a fé judaico-cristã por outra fé, que aparece na ideia do eterno retorno, de um mundo cíclico. Esta ideia, longe de ter sido inventada por Nietzsche, foi tomada emprestada da antiguidade. Originalmente esta ideia aparece nos Vedas. É mostrada a milhões de anos atrás por Krishna ao Deus do sol, ou mesmo antes disso, no aparecimento deste Universo. O eterno retorno material.

Ao afirmar o vazio, o filósofo alemão recorre ao divino e a ideias reveladas em sua origem, o que mostra a deficiência natural deste seu sistema filosófico. Por meio do niilismo, Nietzsche nega qualquer tipo de certeza absoluta, tanto da fé quanto da razão, no entanto, busca sentido para a seu próprio sistema, na certeza absoluta do eterno retorno. Mas este sistema do eterno retorno foi estabelecido e revelado por Krishna que o declara no *Gita*:

Sarganam adir antas ca madhyam caivaham
"De todas as criações, sou o começo, o fim e também o meio" (10. 32)

Aham evaksayah kalo
"Sou também o tempo inexaurível" (10. 33)

Mrtyuh sarva-haras caham udbhavas ca bhavisyatam "Eu sou a morte que tudo devora e o princípio encarregado de gerar tudo o que vai existir" (10. 34)

O niilismo leva ao vazio, ao nada e ao absurdo. Por meio dele, perde-se inclusive o sentido da vida, e em tais condições a vida torna-se inútil. O desdobramento deste niilismo, é perverso e perigoso e pode ser relacionado sem dúvida alguma com o grande número de suicídios que ocorrem na sociedade humana, principalmente na sociedade dita de "primeiro mundo", mais rica e abastada. É muito comum encontrar bilhetes dos suicidas com a seguinte mensagem. – Para que viver se minha vida não tem sentido? Com certeza Nietzsche contribuiu muito para a divulgação desta filosofia na qual o nada assume a posição de Deus. A metafísica do nada, é frontalmente contrária ao caminho espiritual.

Além do niilismo em sua essência não ter sustentação, ele é sem dúvidas um veneno nocivo. O que há no universo niilista que possa desenvolver o bem-estar comum? Que promova o sacrifício em prol do desenvolvimento e amparo dos seres irmãos? Deste modo o homem niilista é voltado para os objetos em detrimento das pessoas, tornando-se uma espécie de fantasma sem eu, que não consegue manter sua identidade própria estabilizada. Leo Strauss, 1972, diz que Nietzsche ao declarar a morte de Deus, e ao se proclamar o anticristo, pregou abertamente a nobreza do barbarismo e da crueldade. Ajudando assim a fomentar o regime nazista. E é pelos frutos que se conhece a obra.

Porém, parece evidente que Nietzsche com sua obra pretendia mostrar também o posicionamento contrário, que a ciência do século XIX estava se transformando numa indústria e numa pseudorreligião e o que o filósofo temia era que o grande avanço técnico e científico da humanidade, sem avanços paralelos na ética e na autocompreensão pessoal, conduzisse a sociedade ao niilismo e a morte de Deus. Ou seja, nesta interpretação Nietzsche é uma pessoa religiosa no sentido mais profundo do termo, sua crítica pesada é contra a forma piegas e imperialista das religiões e também contra a louca ciência, que com uma lanterna procura encontrar Deus. Mas um sentido de religiosidade profunda levou Nietzsche a declarar, *"Eu acreditaria num Deus que pudesse dançar"*, um Deus como Krishna-Caitanya, o dançarino dourado.

Wittgenstein (1889-1951)

"Toda a concepção moderna do mundo tem como fundamento a ilusão de que as chamadas leis da natureza sejam as explicações dos fenômenos naturais." (Ludwig Wittgenstein)

"O que eu sei sobre Deus e o sentido da vida? Eu sei que este mundo existe." (Ludwig Wittgenstein)

O engenheiro e filósofo Ludwig Joseph Johann Wittgenstein dizia que a tarefa da filosofia é o esclarecimento lógico das proposições científicas. E que todas as proposições que ultrapassam a ciência carecem de sentido sendo na maioria absurdas, pois não são verificáveis e estão em desacordo com a lógica da linguagem. O filósofo se perguntava: *"Como podem proposições elementares, sendo determinadas, gerar proposições universais?"*. Deste modo, Wittgenstein reduziu o campo filosófico a um apêndice da ciência e propôs o não dizer nada sobre proposições transcendentes, devido basicamente aos limites inerentes a linguagem humana.

Ao mesmo tempo concluiu que o sentido do mundo deve estar fora dele. Portanto para Wittgenstein, Deus, a metafísica e a espiritualidade humana estariam no silêncio e no indizível, semelhante a postura Zen. Para ele, tudo aquilo que é transcendente, não está ao alcance da nossa linguagem. Assim a melhor atitude frente a Deus e ao transcendente seria manter o silêncio respeitoso de uma fé indizível. Pelo caminho da filosofia da linguagem, Wittgenstein chega ao limite do método científico e do racionalismo filosófico. Ele descobre que as palavras não representam, na realidade, aquilo que deveriam, por conta do relativismo intrínseco da natureza do mundo e também das próprias palavras ou linguagens e devido principalmente ao desvinculamento das palavras com a coisa em si. Com esta severa limitação da linguagem e dos símbolos linguísticos, como chegar ao conhecimento sobre o absoluto e a verdade suprema?

Esta limitação metodológica apontada pelo filósofo, no entanto, não elimina a existência de Deus nem o torna absurdo ou sem sentido, apenas indica a impossibilidade de chegar a Ele pelo caminho inadequado, como já tinha alertado antes os Vedas e o Alcorão e também Kant. Por outro lado, os Vedas, assim como a Torá, estabelecem que os nomes de Deus não pertencem a esta categoria de relativismo da linguagem, apontada por Wittgenstein.

São absolutos e representam aquilo que É. O nome de Deus é santo, tem poder, pode purificar e salvar, tudo isso porque ele É. O nome de Deus não é diferente dEle mesmo e desce diretamente do mundo transcendental. Hridayananda (1999), comentando sobre este ponto alerta para a condição ilógica e irracional de alguém inferior querer compreender alguém superior, sem aceitar o espírito de rendição.

> Quem está interessado em explicações está buscando Deus. Mas se tentarmos compreender Deus através de nossa própria inteligência, sem aceitar a a ajuda das fontes espirituais, desde o início da nossa busca estaremos supondo certas proposições sobre a existência de Deus que, de fato, não temos o direito nem lógica para supor.

No *Bhagavad Gita*, 7. 24-25, Krishna declara:

avyaktam vyaktim apannam manyate mam abuddhayah param bhavam ajananto naham prakasah sarvasya yoga-maya-samavrtah mudho 'yam nabhijanati
"Pessoas sem inteligência espiritual não conseguem conhecer Minha natureza superior
Eu nunca me manifesto aos tolos e menos inteligentes.
Para eles, Eu estou coberto por Minha potência interna."

A ciência materialista tem repetido incontáveis vezes o discurso de Wittgenstein, sobre a limitação da linguagem técnica/científica, para se falar tanto de Deus como dos aspectos transcendentes do mundo e dos seres vivos. No entanto, diferentemente de Wittgenstein, para quem Deus era uma certeza indizível, e usando fora de contexto a premissa do filósofo, a ciência materialista, ateísta, parcial e tendenciosa, passou a declarar levianamente que tudo aquilo sobre o que não é possível falar, ou medir, não deve existir, especialmente Deus. Assim, a ciência materialista passa a declarar de modo absurdo e desautorizado que Deus é absurdo e sem sentido, extrapolando deste modo, tudo que Wittgenstein pressupõe e adivinha silenciosamente.

Zilles comenta que:

> A investigação do dado empírico absorveu cada vez mais as ciências e abandonou a investigação metafísica como tentativa ilusória. Restou para a filosofia apenas a função de clarificar a análise lógica do discurso sobre o mundo, uma vez que sobre a existência de Deus, por exemplo, nem sequer é possível formular a pergunta com propriedade.

Popper (1902 -1994)

"A ciência é uma das forças mais poderosas que contribuiu para a liberdade humana."
(Karl Popper)

"A ciência pode ser descrita como a arte da simplificação sistemática excessiva."
(Karl Popper)

Karl Raimund Popper desenvolveu sua teoria da construção de teorias, dizendo que não é possível qualificar um sistema como definitivamente positivo, pela via empírica. Os sistemas podem ser aplicáveis, mas inconclusivos. As declarações de Popper (1975), evidenciaram vários problemas existentes na filosofia científica.

> Há problemas genuinamente filosóficos que não se podem esclarecer com os meios da ciência empírica. Somos buscadores da verdade, mas não os seus possuidores. Admitimos certamente que nós não sabemos, mas conjecturamos. Esse nosso conjecturar orienta-se numa fé não científica, metafísica, de que existem algumas leis e normas que podemos revelar e descobrir. Nosso conhecimento é um adivinhar crítico, uma rede de hipóteses e conjecturas.

Popper defende que na ciência, se uma proposição não pode ser testada, então ela deve ser desconsiderada. Por outro lado, Bradley nos diz que o princípio da verificação empírica não é empiricamente verificável por ser metafísico. A conclusão disso tudo é que *"A linguagem é função da existência humana, assim não traz nova luz sobre as perguntas essenciais que definem o homem"* (Zilles), e nestes termos, fica evidente que a abordagem filosófica-científica é limitada para a compreensão de Deus.

Como argumenta Hridayananda (1984).

> Entre as três proposições. Deus não existe. Não é possível saber se Deus existe e Deus existe. Somente a última proposição se encontra no campo do pensamento racional que permite investigação. Logo somente esta hipótese pode ser considerada científica.
>
> Deus não existe, como defendem os ateístas, é uma proposição irracional pois somente um ser absoluto poderia fazer a afirmação de que não existe a Verdade Absoluta (Deus). Não é possível saber nada sobre a existência ou não de Deus, também é uma proposição irracional pois a ignorância é irracional. Ambas posições não são científicas.

Assim, as proposições dos chamados cientistas ateístas militantes como o biólogo evolucionista Richard Dawkin, de que Deus não existe, nada mais é que uma proposição irracional, partidária e não científica.

4

DEUS, ESPIRITUALIDADE E CIÊNCIA

"Chegamos assim a uma concepção da relação entre ciência e religião muito diversa da usual...Sustento que o sentimento religioso cósmico é mais forte e a mais nobre motivação da pesquisa científica." (Albert Einstein).

"Ciência sem consciência, não é senão a morte da alma." (Michel de Montaigne)

"Com o vazio, assumido pelo espírito burguês, existe o perigo de divinização da ciência, absolutizando-a como substituta da religião." (Paul Tillich)

"Quem realmente acredita em Deus sempre maior, deve estar disponível para experiências novas e novos conhecimentos. Hoje o homem faz nova experiência de sua finitude e dela toma consciência. Percebe os limites da razão e da liberdade. Assim precisa vislumbrar algo para além destes limites." (Urbano Zilles)

Só há uma questão verdadeiramente filosófica, a existência de Deus. *Se Deus não existe tudo é permitido*, dizia Dostoievski, ao que complementa Frei Betto (2001). *"Deus inquieta-nos. Não é fácil ignorá-lo"*. Assim, a ciência materialista também tem grandes dificuldades teóricas e práticas na sua tentativa de ignorar ou eliminar Deus da constituição e funcionamento de toda a manifestação cósmica. Estas dificuldades ficam evidentes, por exemplo, nas mirabolantes e contraditórias teorias materialistas que tentam adivinhar o surgimento da matéria, da energia, da vida, da consciência, sem admitir a ideia do Ser Supremo, fonte de onde tudo emana e energético último.

Além disso, a ciência materialista também não consegue rejeitar as teorias científicas espiritualistas que foram inspiradas nas ideias apresentadas nos livros sagrados como a Bíblia ou os Vedas. As teorias: criacionista, do design inteligente, da manifestação cíclica do mundo material, da existência da alma, do finalismo das coisas, da consciência e não a matéria como sendo o princípio constitutivo fundamental de um Universo autoconsciente, etc. Assim, mesmo sem conseguir provar e tão pouco rejeitar nenhum destes desafios, a ciência materialista, fantasiosamente se acha capaz de ignorar a necessidade da Inteligência Suprema, da Consciência Última, sustentadora de todos os fenômenos conhecidos.

Pode-se dizer que a ciência materialista está em um quarto escuro, procurando um gato preto que não está lá. Por meio de um método fragmentado, de tentativa e erro, imperfeito por natureza, esta ciência está atrás da ilusão da perfeição material e de prender Deus e a consciência nas correntes da matéria. Declara pretensiosamente que caso Deus exista, é preciso trazê-lo para dentro do laboratório para fazer experiências e assim conhecê-lo, e caso isso não seja possível, então, Deus não existe. Esta é uma afirmação absurda e infantil. René Descartes, precursor do método científico atual, admitia sua finitude frente a infinitude divina: *"Como seres imperfeitos como nós, podem trazer na mente a ideia de um ser perfeito, sem que Ele de fato exista"?* Porém, no decorrer da história, a ciência materialista de um modo imaturo e simplista, sistematicamente, tenta relegar a questão Deus ao esquecimento. Mas como a ciência é uma atividade humana na qual se busca criticar e corrigir os erros cometidos. Fica aberta a possibilidade da reaproximação com a religião.

Evidentemente, o método científico tradicional, baseado na razão experimental, não é próprio para conhecer Deus. Mas isto não é motivo para rejeitar sua existência, buscando eliminá-lo da ciência e da filosofia. Esta posição é ilegítima, confunde e degrada as pessoas e a sociedade como um todo. Nossa sociedade ingenuamente aceitou quase tudo que a ciência propôs como verdade transformando a ciência numa espécie de pseudorreligião, mas este tempo passou.

Com as experiências da física moderna, nossa atitude com relação a conceitos como a matéria, o espírito humano, a alma, a vida, e Deus mudaram em relação a atitude brutalmente materialista que os cientistas tinham no século XIX. O físico Arthur Stanley Eddington declarou, *"Podemos dizer que a conclusão a tirar desses argumentos da ciência moderna é que a religião se tornou possível, para um cientista razoável, por volta de 1927".*

Ao que o filósofo Jean Guitton (1991), complementa:

> Tanto a teoria quântica como a cosmologia faz avançar para uma distância cada vez maior os limites do saber, até roçar o mais fundamental enigma que desafia o espírito humano: A existência de um Ser Transcendente, ao mesmo tempo causa e significação do homem e do Universo. Os novos progressos das ciências permitem entrever uma convergência necessária entre a ciência e o Mistério Supremo. Hoje a matéria sólida não existe mais; o espaço e o tempo são ilusões e a realidade fundamental é não cognoscível. Existimos através de "alguma coisa" que se aproxima mais do espírito que da matéria tradicional.

DEUS E CIÊNCIA

Assim, Deus é a hipótese necessária para que tudo não pareça cientificamente e filosoficamente um grande absurdo. Vale a pena resgatar o entendimento que renomados cientistas declararam a respeito de Deus, da alma, da espiritualidade.

"A partir do momento em que há uma profundeza do Universo, na qual a distinção não é mais possível e onde a separação não existe mais, então, passa a ser evidente que o real não se consome na ideia de ordem, nem na ideia de desordem, nem na de organização. Elas nos são indispensáveis para conceber o mundo dos fenômenos, mas não o mistério de onde nascem os fenômenos." (MORIN, 1986)

"Deus não é uma abstração perdida no espaço, Ele é a vida."(BASTOS, 1999)

"Em outras palavras: as pessoas intuem uma forma de inteligência que, no passado, organizou o Universo, e a personalizam chamando-a de Deus." (BOHM, 1980)

"Mais íntimo a nós do que nós mesmos, como afirmou Agostinho, Deus é, de fato, a questão axial da existência humana, tudo o mais são contingências." (BETTO, 2001)

"O homem é uma entidade dotada tanto de corpo quanto de alma, e reage a dicotomias de sua existência não só em pensamentos, mas também no processo de viver, em seus sentimentos e ações." (FROMM, 1983)

"Somos seres ao mesmo tempo, físicos, biológicos, sociais, culturais, psíquicos e espirituais, é evidente que a complexidade é aquilo que tenta conceber a articulação, a identidade e a diferença de todos esses aspectos." (MORIN, 1986)

"A esperança de que a busca da bondade e da virtude poderá ser adiada até termos alcançado a prosperidade material. E de que poderemos instaurar a paz na Terra, através da obstinada busca de riqueza, sem esquentarmos nossas cabeças com questões espirituais e morais. É uma esperança irrealista, anticientífica e irracional." (SCHUMACHER, 1983)

"Saber que aquilo que nos é impenetrável realmente existe, manifestando-se como a maior sabedoria e a beleza mais radiante que nossa pobre capacidade só pode aprender em suas formas mais primitivas. Esse conhecimento, essa sensação, está no centro da verdadeira religiosidade. Neste sentido e apenas neste, pertenço às fileiras dos devotos." (EINSTEIN, 1930)

A reintrodução de Deus na ciência e na filosofia é importante e necessária, pois além de promover um resgate histórico da própria origem da ciência e da filosofia, permite um avanço para a ética e a moralidade, que tem origem necessariamente do divino, caso contrário ética e moralidade simplesmente não poderão ser obtidas. Sem Deus, o conhecimento fica incompleto, parcial e tendencioso, mas também poderíamos dizer desencantado, árido, triste e aprisionador. O conhecimento é maior que a ciência, a filosofia e a religião juntas, Krishna declara no *Gita*, 15. 15:

Mattah smrtir jnanam apohanam ca
vedais ca sarvair aham eva vedyo

"É de Mim que vêm a lembrança, o conhecimento e o esquecimento.
Através do conhecimento, é a Mim que se deve conhecer."

Cada um destes três caminhos modernos para o conhecimento, religião, filosofia e ciência, são diferentes, porém complementares, quando se quer chegar ao conhecimento do Tudo, é a Deus que se deve conhecer. Se existem contradições nas conclusões obtidas pelos distintos campos de conhecimento, isto se deve basicamente a metodologia usada em cada um destes caminhos.

O processo de conhecimento filosófico e especialmente o científico privilegia o aspecto racional, dedutivo e experimental, são metodologias ascendentes de tentativa e erro, onde a construção do conhecimento se dá de níveis menores e mais simples para níveis maiores e mais complexos, fazendo frequentemente releituras das teorias, na medida em que o avanço tecnológico possibilita novas maneiras de extrair os dados dos fenômenos estudados. Neste processo construtivo as verdades parciais e os sistemas de pensamento propostos, vão sendo e superados por novas verdades parciais e por novos sistemas de pensamento, que tentam explicar melhor o grande acúmulo de dados, informações e conhecimentos obtidos nos laboratórios e ao longo da história.

Por outro lado, o processo de conhecimento religioso é a revelação descendente, na qual o conhecimento vem diretamente de planos e esferas superiores e transcendentais, diretamente ao coração humano ou na forma das literaturas sagradas e assim surgem leituras parciais e particulares do fenômeno divino, revelados na medida da possibilidade de entendimento da audiência e segundo uma tradição cultural específica, mas que apontam para uma Verdade Absoluta Última, que não pode ser representada integralmente por linguagem alguma.

Evidentemente todas as tradições religiosas tem algum tipo de relacionamento e reverência para aquilo que é considerado sagrado pela cultura e pela comunidade local de devotos. Deste modo, o sagrado em Tudo, passa a ser representado por diferentes objetos, totens, imagens, corpos celestes, animais, pessoas, lugares, o vazio, a imensidão, o oceano, o vento etc. Olhando para tudo aquilo que é considerado sagrado, ritualizando, as pessoas se lembram e buscam se conectar com Deus, o Mistério Supremo irrepresentável.

Assim, surgem diferentes tipos de religiões primitivas, mas o elemento sagrado final é um só, Deus, a fonte de onde tudo emana.

As religiões monoteístas são consideradas mais avançadas em relação as religiões primitivas, devido ao relacionamento privilegiado que têm com Deus, por terem recebido as literaturas sagradas reveladas. Estas literaturas contêm instruções especiais, diferentes daquelas que os povos primitivos tinham em relação ao aspecto divino natural e universal. Deus na sua infinita sabedoria e bondade, revela várias destas instruções especiais para diferentes povos, conforme o nível médio de compreensão da audiência, adequadas também ao tempo e ao local.

Segundo os Vedas, o objetivo divino da manifestação do mundo e também dos manuais de instruções que são as literaturas reveladas, é um objetivo didático que visa a redenção da humanidade. Deus apresenta o conhecimento revelado específico ajustado, para que este possa ser entendido e praticado mais facilmente por esta ou aquela comunidade particular de pessoas. Diferentes plateias, diferentes revelações. Assim os livros sagrados, quando tomados ao pé da letra, podem ser contraditórios entre si e também, com os aspectos revelados pelo estudo da natureza que, também é um livro divino, revelado pelo avanço da ciência e escrito por Deus com as leis da física, da química e da biologia, entre outras. Assim, como um lado de um holograma pode parecer contraditório ao lado oposto do mesmo holograma, mas ambos estão integrados na imagem final do holograma completo. Ou, uma cena de um filme pode parecer contraditória com a mensagem final do filme, assim, também, as revelações divinas parecem contraditórias quando não se tem ideia do contexto maior ou do sistema completamente desenvolvido.

Mas esta contradição entre as diferentes escrituras reveladas, inclusive entre a natureza divina estudada pela ciência, não é tão grande assim. Se retirássemos os aspectos culturais, os dogmas, os ritos, as convenções, entre outros, poderíamos verificar melhor a essência dos fenômenos religioso, humano e divino, contido nas escrituras. Então as interfaces, as pontes, as ligações e os aspectos que nos aproximariam de um maior entendimento da Verdade Absoluta, proposto por cada escritura, ficaria mais evidente.

Galileu falando da Bíblia dizia que é devido capacidade limitada de entendimento do ser humano, em ler e interpretar as revelações sagradas, que o Todo parece contraditório com a ciência. E que se a explicação dos fenômenos naturais nos parece incoerente com o conhecimento revelado é porque ainda não interpretamos adequadamente a literatura sagrada.

Neste contexto de unificação dos conhecimentos religiosos, filosóficos e científicos, no entorno do Todo ou da Verdade Absoluta é que o *Baghavad Gita* e o *Srimad Bhagavatam*, entre todas as literaturas reveladas, apresenta a sua maior contribuição para a humanidade.

A limitação causada pela linguagem usada em qualquer sistema de conhecimento é um problema clássico da filosofia moderna como mostraram Wittgenstein e Popper, e no caso das literaturas sagradas esta dificuldade é maior ainda, pois, as literaturas sagradas falam do Todo Absoluto, daqu'Ele que não pode ser completamente conhecido, muito menos representado por palavras.

Evidentemente que o problema das revelações provocou muita briga e desentendimento ao longo da história dos movimentos religiosos e ainda continua causando atritos. Brigando pela primazia da verdade revelada, houveram muitas guerras entre: pagãos, cristãos, judeus, muçulmanos, hindus e budistas entre si. Podemos imaginar a confusão que seria se seguidores fanáticos destas denominações religiosas tentassem conversar sobre religião. Existe um ditado popular no Brasil que diz: "para evitar brigas não se deve discutir sobre política, futebol nem religião". Evidentemente, que deve se discutir com bom senso e tolerância, mas isso nem sempre é fácil.

Devido a sua história e a sua base de conhecimento acumulado, tanto a ciência como a filosofia, exigem a racionalidade e a inteligibilidade do mundo, aspectos que necessariamente precisam estar contidos e serem válidos na Verdade Suprema, que deve integrar harmonicamente também as diferenças religiosas, culturalmente localizadas.

Afirmamos que o conhecimento védico, especialmente o *Gita* e o *Bhagavatam*, além de serem as literaturas reveladas mais antigas que se tem conhecimento são as revelações com a maior aderência aos resultados das teorias científicas atuais. Apresentam uma ampla e coerente estrutura filosófica revelada e são a literatura que mais revela os diferentes aspectos da confidencialidade de Deus. Revelam Deus como a Verdade Absoluta e como a Suprema Personalidade Misericordiosa que intervém diretamente na história humana, além evidentemente de classificar e explicar os aspectos transcendentais relacionados a natureza última do mundo e dos seres vivos. Todos estes temas são apresentados com uma profundidade única e inigualável. Tudo isso através do sânscrito uma linguagem especial, fundada no início da história da humanidade e conhecida como a linguagem dos deuses. Além de ser a mais antiga, é provavelmente a linguagem humana mais adequada para falar das sutilezas da espiritualidade, de Deus e da consciência humana.

A busca de uma Teoria Unificada, é a busca por uma teoria do Absoluto, ou seja, é uma teoria de conhecimento de Deus, lugar de descanso e repouso, onde é possível a integração das distintas áreas do dual conhecimento humano. A finalidade de todo o conhecimento é alcançar e realizar Deus, o Bem Supremo. Em outras palavras, é desenvolver e ampliar a consciência individual de tal modo que já não exista diferença entre o indivíduo finito com o indivíduo infinito a menos da relação pessoal amorosa. Deus tem e não tem religião, portanto é extremamente limitador deixar que apenas a religião discuta esta questão de suma importância. Apesar de os movimentos religiosos, provavelmente, não gostarem, Krishna propõe no final do *Gita* um afastamento das religiões e o seguimento do *Dharma*. Esta proposta é feita para Arjuna, uma pessoa madura, um general realizado materialmente, que já recebeu todo o treinamento filosófico necessário e que está prestes a tomar a decisão mais importante da sua vida quanto ao caminho a seguir. Até certo ponto as religiões ajudam, mas dependendo da situação podem restringir o avanço espiritual, por isso Krishna declara no *Gita* 18. 66:

Sarva-Dharman parityajya mam ekam saranam vraja
"Abandona todas as variedades de religião e simplesmente rende-te a Mim"

A maior parte das autoridades científicas e filosóficas citadas neste trabalho, reconhecem a necessidade da vida espiritual como parcela necessária e constitucional do ser humano, bem como o papel fundamental de Deus no Universo. E como tentamos mostrar, além de válida é urgente e necessária a inclusão de Deus em todas as esferas da atividade humana, inclusive nas análises científicas e filosóficas. Um resultado prático imediato da hipótese do divino é a reorientação da tecnologia, do trabalho e da sociedade como um todo, agregando a muito dos esforços inúteis e passageiros um valor real e permanente. *"Todos estes fenômenos são como zeros sem valor, mas ao colocarmos Deus (o número 1) na frente deles, todos passam a ter valor"* (Prabhupada).

As atividades científicas não podem ser impedidas de avança por causa do arrogante modelo materialista. É necessário abrir as possibilidades para o desenvolvimento e a construção de uma ciência mais espiritualizada, onde as questões sutis e paradoxais que transcendem o método possam ser analisadas de maneira lógica e inteligente, com referência no Bem Supremo. Descartes tinha consciência das limitações de seu método, tanto é assim que propõe um sistema filosófico maior, no qual seu método é apenas uma parcela. No sistema filosófico proposto por Descartes, Deus sempre foi a referência fundamental, o que infelizmente se perdeu devido a tendência ateísta e a secularização histórica ocorrida na ciência e na filosofia.

Só com retorno de Deus e do aspecto espiritual, tanto na ciência como na filosofia, é que estas produções humanas de busca pelo conhecimento poderão se retornar instrumentos de libertação e desenvolvimento real da sociedade e do ser humano e não uma ilusão temporária fadada ao fracasso. Outro benefício importantíssimo deste retorno da ciência e da filosofia ao estudo do fenômeno divino, é a tão necessária revitalização e oxigenação das religiões que se mostram muito estagnadas em seus ritos e dogmas, com o sopro divino vindo das profundezas dos mistérios da matéria, do cosmo e da razão humana. No entanto, se este retorno consciente ao divino não for feito, os sistemas filosófico e científico provavelmente vão se degenerar em instrumentos de engano, alienação, injustiça, violência, insegurança e opressão, cada vez mais comuns na materialista sociedade atual, acelerando os efeitos degradantes previstos para a Kali Yuga.

Finalizamos com as palavras de Srila Prabhupada no seu comentário ao verso 78 do capítulo final do *Bhagavad Gita*.

Embora superficialmente a Suprema Personalidade de Deus, as entidades vivas, a natureza material e o tempo pareçam ser diferentes, nada é diferente do Supremo. Mas o Supremo é sempre diferente de tudo. Igual e diferente simultaneamente. Este sistema de filosofia constitui conhecimento perfeito acerca da Verdade Absoluta.

4. 1 SOBRE O MUNDO MATERIALISTA EM QUE VIVEMOS

"Ao nascer, choramos porque chegamos até este grande palco de loucos." (Willian Shakespeare)

Vamos discutir rapidamente neste item final algumas características do mundo materialista moderno. Uma análise mais aprofundada destes tópicos será feita na segunda parte desta obra.

Purushatraya Swami nos faz o seguinte alerta. *"Para a sociedade moderna, o referencial do sucesso na vida é dinheiro, fama e poder. De um modo geral, todos aspiram a isso e os jovens são educados nessa direção. Mas o verdadeiro sucesso na vida é a autoconfiança, paz interior e felicidade plena que é conseguida com a saúde da alma e a íntima relação com Deus".*

Nossa educação é falha. Por sufocar o aspecto espiritual das pessoas a educação escolar tem produzido, através de um processo industrial, laborioso, árido e superficial, uma quantidade enorme de pessoas alienadas, fragmentadas, isoladas, passivas e sem amor. Tendo como finalidade o mercado, adestramos seres humanos para o individualismo egoísta e mesquinho e não para a coletividade.

A maioria das pessoas são passivas. Como existe muita passividade e alienação no dia a dia, seja no processo de produção, educação ou de organização, as pessoas também são passivas no seu tempo de lazer. A maior parte deste tempo de lazer é do tipo espectador ou consumidor, raramente é uma expressão de atividade e criatividade. Neste contexto a televisão e o celular, grandes promotores da passividade, assumem o papel dos pais e dos professores na "educação" de nossos jovens e crianças.

Harold Bloom discutindo este ponto declara nos seguintes termos. *"Inundados de tecnologia e de informação eletrônica como estamos no presente, cabe indagar por que o sonho no qual a tecnologia haveria de libertar a humanidade, como sonharam muitos, perverteu-se num pesadelo. O progresso oferece-nos uma tecnologia depois da outra, mas cada vez menos autoconhecimento".*

O meu compadre, vaishnava, filósofo, ativista e deputado paranaense, Goura Nataraj (2013), argumenta:

> Na idiotização sempre crescente o homem não pensa mais por si próprio, não se locomove mais com o próprio corpo, não se diverte mais com o próprio espírito, não se cura sem as intervenções médico-farmacêuticas. Ele cumpre um papel alienado e extremamente passivo, julgando que não está em suas mãos questionar ou sequer pôr em dúvida o sistema.

E segue apontando o espírito filosófico como sendo um ótimo remédio contra este emburrecimento imposto pela sociedade materialista. *"A condição inicial de toda reflexão filosófica é a capacidade de se espantar com a realidade e não tomar a existência como algo dado, mas fazer a pergunta assombrosa – por que isto existe?".* Como afirma o *Vedanta*, a verdadeira condição de humanidade significa fazer estas perguntas assombrosas, quem sou eu? O que é este mundo? Por que existo?Prabhupada nos explica que:

A vida humana destina-se a compreensão de Deus, o governo dá total apoio a todos os departamentos de conhecimento, exceto o departamento principal, a ciência da consciência de Deus. Assim atualmente as pessoas não são muito inteligentes; portanto, estão tentando evitar este departamento de conhecimento, o departamento mais importante de conhecimento. E apenas se ocupam nas áreas de conhecimento nos quais os animais também estão ocupados, comer, dormir, acasalar-se e defender-se. Então se o conhecimento se limita a estas áreas, não passa de um desperdício de tempo, energia e inteligência, pois o resultado deste conhecimento não é útil. Útil é conhecer-se a si próprio, se alguém conhecer-se como realmente é, então compreenderá todas as outras coisas, autoconhecimento filosófico, isto é efetivamente importante. O conhecimento científico tradicional também é importante, mecânica, eletrônica – isto também é conhecimento – mas o ponto central é autoconhecimento, conhecimento acerca da alma e de Deus.

REFERÊNCIAS

ABDALLA, M. C. B.; NETO, T. V. **Novas janelas para o Universo**. (Coleção Para-didáticos). São Paulo: Editora Unesp, 2004.

ALLÉGRE, C. **Deus e ciência**. São Paulo: Edusc, 2000.

ALVES, R. **Conversas com quem gosta de ensinar**. (Coleção Polêmicas de Nosso Tempo). v. 1. São Paulo: Editora Cortez, 1980.

ALVES, R. **Filosofia da Ciência:** Introdução ao jogo e suas regras. 18. ed. São Paulo: Editora Brasiliense, 1993.

ALVES, R. **Tempus fugit**. 7. ed. São Paulo: Editora Paulus, 1990.

AZEVÊDO, E. S. Breves considerações na convergência ciência e religião. **Caderno CRH**, Salvador, v. 26, n. 69, p. 469-476, Set. /Dez. 2013.

AZEVÊDO, E. S. Prefácio à edição brasileira. In: PETERS, T.; BENNET, G. (org.). *Construindo pontes entre ciência e religião*. São Paulo: Loyola; Ed. UNESP, 2003.

BACON, F. **Novo Organo** – Instauratio Magna. São Paulo: Edipro, 2014.

BAHIA, L. A. **O fenômeno divino e outras convicções**. Rio de Janeiro: Dublin Ensaios, Viveiros de Castro Editora, 1999.

BARBOUR, I. G. **Quando a ciência encontra a religião:** Inimigas, estranhas ou parceiras? São Paulo: Editora Cultrix, 2000.

BASTOS, J. A. S. L. A.; QUELUZ, M. L. P.; QUELUZ, G. L. **Memória e moderni-dade:** Contribuições histórico-filosóficas à educação tecnológica. Curitiba: Editora Cefet, 2000.

BEHE, M. **A caixa-preta de Darwin**. Rio de Janeiro: Editora Zahar, 1997.

BETTO, F. Deus, a questão. **Jornal Ciência e Fé**, ano 2, n. 30, maio 2001.

BIZZOCCHI, A. Cognição: Como pensamos o mundo. **Ciência Hoje**, v. 20, n. 175, set. 2001.

BLOOM, H. **Onde encontrar a sabedoria?** Rio de Janeiro: Editora Objetiva, 2005.

BOHR, N. **Física atômica e conhecimento humano:** Ensaios 1932-1957. Rio de Janeiro: Editora Contraponto, 2000.

CALLIGARIS, C. Lixo da ciência se torna nosso breviário moral. **Folha de São Paulo**, 18 nov. 1999.

CÂMARA, H. **O deserto é fértil**. São Paulo: Editora Civilização Brasileira, 1978.

CAPRA, F. **A teia da vida**. São Paulo: Editora Cultrix, 1996.

CAPRA, F. **O ponto de mutação**. São Paulo: Editora Cultrix, 1982.

CARTER, B. **Anthropic principle in cosmology**. Contribution to Colloquium Cosmology - Facts and problems: France, June, 2004.

CHARDIN, T. **O fenômeno humano**. 4. ed. São Paulo: Editora Cultrix, 1999.

CHOPRA, D. **Como conhecer Deus:** A jornada da alma ao mistério dos mistérios. Rio de janeiro: Editora Racco, 2001.

COHEN, D. Deus Ajuda? **Revista Exame**, São Paulo, ano 36, n. 2, ed. 758, jan. 2002.

COLLINS, F. S. **A linguagem de Deus:** Um cientista apresenta evidências de que Ele existe. São Paulo: Editora Gente, 2007.

COMTE-SPONVILLE, A. **O alegre desespero**. Nome de Deuses – Entrevistas a Edmond Blattchen. São Paulo: Editora Unesp, 2002.

CORRÊA, M. V. O admirável Projeto Genoma Humano. **PHYSIS:** Revista de Saúde Coletiva, Rio de Janeiro, v. 12, n. 2, p. 277-299, 2002.

CREMO, M. A. THOMPSON, R. L. **A Historia Secreta Da Raça Humana**. 1. ed. São Paulo: Editora Aleph, 2004.

CRUZ, E. R. **A persistência dos deuses:** Religião, cultura e natureza. São Paulo: Editora Unesp, 2004.

CRUZ, E. R. **Religião e ciência.** São Paulo: Paulinas, 2014. 101 p.

DAVIS, P. **Deus e a nova física.** Lisboa: Edições 70, 2000.

D'ESPAGNAT, B. **The Quantum Theory and Reality**, Scientific American 241, nov. p. 128-140. 1979.

DEUS, J. D. **A crítica da ciência:** Sociologia e ideologia da ciência. Rio de Janeiro: Zahar Editores, 1979.

DEVAMRITA, S. **Em busca da Índia Védica.** São Paulo: Editora BBT, 2019.

ECO, U.; MARTINI, C. M. **Em que crêem os que não crêem?** 10. ed. São Paulo: Editora Record, 2006.

EINSTEIN, A. What I believe. **Living Philosophies XIII**, American Periodicals, LXXXIV, n. 4, 1930.

EINSTEIN, A. **Como vejo o mundo.** Rio de Janeiro: Nova Fronteira, 1981.

ESPINOSA, N. A. **A consciência como princípio.** São Paulo: Editora Paulinas, 1999.

FAUERBACH, L. **A essência do cristianismo.** Campinas: Editora Papirus, 1988.

FAUERBACH, L. **A essência da religião.** Campinas: Editora Papirus, 1989.

FERREIRA, V. R. M. **Psicologia econômica:** Como o comportamento econômico influencia nossas decisões. São Paulo: Editora Campus/Elsevier, 2008.

FRANKL, V. **A presença ignorada de Deus**. São Leopoldo: Sinodal, 1985.

FRANKL, V. **Em busca de sentido:** Um psicólogo no campo de concentração. 7. ed. Petrópolis, RJ: Vozes, 1997.

FREUD, S. S. **O mal-estar na cultura**. Porto Alegre: L&PM Editores, 2010.

FROMM, E. **A análise do homem**. 13. ed. Rio de Janeiro: Editora Guanabara, 1983.

FROMM, E. **A revolução da esperança:** Por uma tecnologia humanizada. 2. ed. Rio de Janeiro: Zahar Editores, 1975.

FROMM, E. **Marx y su concepto del hombre**. 1. ed. México: Fondo de Cultura Econômica, 1962.

GLYNN, P. **Deus a evidência:** A reconciliação entre a fé e a razão no mundo atual. São Paulo: Editora Madras, 1999.

GALILEI, G. **Ciência e Fé:** Cartas de Galileu sobre o acordo do sistema copernicano com a Bíblia. Editora Unesp, 2009.

GODOY, N. Os enigmas insolúveis da ciência. **Revista Isto É**, 23 jul. 1999.

GÖDEL, K. **Collected works**, v. 1, (EditorS. Feferman and others). New York: Oxford University Press, 1986.

GOSWAMI, A.; REED, R. E.; GOSWAMI, M. **O Universo autoconsciente:** como a consciência cria o mundo material. 5. ed. Rio de Janeiro: Ed. Rosa dos Tempos, 2002. (Coleção Tendências do Milênio).

GOSWAMI, A. **Evolução criativa das espécies:** Uma resposta da nova ciência para as limitações da teoria de Darwin. São Paulo: Editora Aleph, 2009.

GROF, S. **A mente holotrópica**. 3. ed. Rio de Janeiro: Editora Rocco, 1992.

GUITTON, J.; BOGDAROV, G.; BOGDAROV, I.; GROSS, E. **Deus e a ciência:** Em direção ao metarealismo. Rio de Janeiro: Editora Nova Fronteira, 1991.

GYÖRGYI, A. S. **The crazy ape:** written by a Biologist for the Young. New York: Open Road Media, 2014.

HABERMAS, J. **Pensamento pós-metafísico:** Estudos filosóficos. Rio de Janeiro: Tempo brasileiro, 1990.

HABERMAS, J. **O futuro da Natureza Humana:** A caminho de uma eugenia liberal? São Paulo: Martins Fontes, 2004.

HAWKING, S. **A brief history of time:** Updated and expanded. UK: Ed. Bantam Books, 1996.

HAWKING, S. **O Universo numa casca de noz**. São Paulo: Editora Mandarim, 2001.

HAWKING, S.; PENROSE, R. **The nature of Space and Time.** New Jersey: Princeton Univertity Press, 1996.

HOYLE, F.; WICKRAMASINGHE, N. C. **Evolution from Space:** A Theory of Cosmic Creationism, United Kingdon: Ed. Touchstone 1984.

HRIDAYANANDA, D. G. **O livro de soluções**. São Paulo: EditoraBBT, 1981.

HRIDAYANANDA, D. G. **Os valores da liberdade:** Onde o Ocidente encontra o Oriente. São Paulo: EditoraBBT, 1984.

HRIDAYANANDA, D. G. **Prazer infinito:** Verdade absoluta. São Paulo: Editora Hara, 1999.

HRIDAYANANDA, D. G. **A meta da vida:** Questionamentos sobre o que realmente somos. São Paulo: Sankirtana Books, 2012.

HRIDAYANANDA, D. G. **Razão & Divindade:** Uma abordagem histórica, filosófica e social. São Paulo: Sankirtana Books, 2013.

HUIZINGA, J. **Homo ludens:** O jogo como elemento da cultura. 5. ed. São Paulo: Editora Perspectiva, 2007.

HUXLEY, T. H. **Escritos sobre ciência e religião**. (Coleção Pequenos Frascos), São Paulo: Editora Unesp, 2008.

JOÃO PAULO II. **Carta do Papa João Paulo II aos Bispos da Conferência Episcopal dos Bispos do Brasil**. Vaticano, 1986.

JUNG, C. G. Cartas. *In:* ADLER, C. (org). **Obras Completas**. Rio de Janeiro: Editora Vozes, 1991.

JUNG, C. G. **Presente e futuro**. 3. ed. Rio de Janeiro: Editora Vozes, 1991.

JUNG, C. G. **Psychology & Religion**. 3. ed. New York: Yale University Press, 1940.

JUNG, C. G.; PAULI, W. **The interpretation of nature and the psyche.** United Kingdon: Routhledge & Kegan Paul, 1955.

KUHN, T. **A estrutura das revoluções científicas**. (Série Debates). 3. ed. São Paulo: Editora Perspectiva, 1992.

LACERDA, A. R. L. Abordagens biossociais na sociologia: biossociologia ou sociologia evolucionista? **Revista brasileira de Ciências Sociais**, São Paulo, v. 24, n. 70, 2009.

LAKATOS, E. M.; MARCONI, M. A. **Fundamentos da Metodologia Científica**. São Paulo: Editora Atlas, 1994.

MARTINEZ, J. H. Evolução biológica na ciência e na teologia. PETERS, T.; BENNETT, G. (org.). **Construindo pontes entre ciência e religião**. São Paulo: Loyola; Ed. UNESP, 2003.

MARX, K. **Manuscritos econômico-filosóficos**. São Paulo: Editora Martin Claret, 2001.

MASLOW, A. H. **Religious, Values and Peak-Experiences**. Columbus: Ohio State University Press, 1964.

MASLOW, A. Uma teoria da metamotivação – Raízes biológicas da vida dos valores. *In:* WALSH, R. N.; VAUGHAN, F. (org.). **Além do Ego**: Dimensões Transpessoais em Psicologia. São Paulo: Editora Cultrix, 1991.

MASLOW, A. **Maslow no gerenciamento**. Rio de Janeiro: Qualitymark, 2001.

MAY, R. **Psicologia e dilema**. Rio de Janeiro: Zahar Editores, 1973.

MEYER, D.; EL HANI, C. N. **Evolução o sentido da biologia**. (Coleção Paradidáticos). São Paulo: Editora Unesp, 2005.

MEYER, S. C.; MINNICH, S.; MONEYMAKER, J.; NELSON, P. A.; SEELKE, R. **Explore evolution:** The arguments for and against neo-darwinism. 2. ed. Malvern, Australia: Hill House Publishers, 2013.

MORAIS, R. **Filosofia da Ciência e da Tecnologia:** Introdução metodológica e crítica. Campinas, SP: Editora Papirus, 1988.

MORIN, E. **Introdução ao pensamento Complexo**. 2. ed. Lisboa: Instituto Piaget, 1990.

MORIN, E. **Ciência com consciência**. 1. ed. Lisboa: Instituto Piaget, 1986.

MURPHY, M. P.; O'NEILL, L. A. J. **O que é vida? 50 anos depois:** especulações sobre o futuro da biologia. São Paulo: Editora Unesp, 1997.

MURPHY, N. Construindo pontes entre a teologia e a ciência numa era pós-moderna. *In*: PETERS, T.; BENNET, G. (org.). **Construindo pontes entre ciência e religião**. São Paulo: Loyola; Ed. Unesp, 2003.

NATARAJ, G. **O grande meio-dia**. Curitiba: L-Dopa Publicações, 2013.

NEILL, A. S. **Liberdade sem medo** – Summerhill. 16. ed. São Paulo: Ibrasa-MEC, 1976.

PASCAL, B. **Pensées and other writings**. New York: Oxford United Press, 1999.

PEDRA, J. A. **Edith Stein** - Uma santa em Ausschwitz. Curitiba: Editora Rosário, Curitiba.

PETERS, T.; BENNETT, G. (org.). **Construindo pontes entre ciência e religião.** São Paulo: Loyola; Ed. UNESP, 2003.

POLKINGHORNE, J. **Além da ciência**. São Paulo: Editora Edusc, 2001.

POPPER, K. R. **Conhecimento objetivo**: uma abordagem evolucionária. Belo Horizonte: Editora Itatiaia Limitada, 1975.

PRABHUPĀDA, A. C. B. **Brahma Samhita**. São Paulo: Editora BBT, 1995.

PRABHUPĀDA, A. C. B. **Ciência da autorrealização**. 11. ed. São Paulo: Editora BBT, 1995.

PRABHUPĀDA, A. C. B. **Bhagavad-Gitã:** como ele é. 2. ed. Lisboa, Portugal: Editora BBT, 1995.

PRABHUPĀDA, A. C. B. **Sri Isopanisad:** o conhecimento que nos aproxima de Deus. 9. ed. Brasília: Editora BBT, 2002.

PRABHUPĀDA, A. C. B. **O livro de Krsna**. 5. ed. São Paulo: Editora BBT, 1993.

PRABHUPĀDA, A. C. B. **Dialetic spiritualism:** a Vedic view of western Philosophy. 1 ed. Singapore: Prabhupada Books, 1985.

PRIGOGINE, I. **O fim das certezas:** Tempo, caos e as leis da natureza. São Paulo: Editora Unesp, 1996.

PRIGOGINE, I. **As leis do caos**. São Paulo: Editora Unesp, 2000.

PRIGOGINE, I. **Do ser ao devir**. São Paulo: Editora Unesp, 2002.

PROGOFF, I. **Jung, Sincronicidade e Destino Humano:** A Teoria da Coincidência Significativa de C. G. Jung. São Paulo: Editora Cultrix, 1989.

PURUSHATRAYA, S. **Sanidade espiritual:** Reflexões do aqui e do porvir. São Paulo: Sankirtana Books, 2013.

PURUSHATRAYA, S. **O monge e o aposentado:** Reencontro de dois amigos de infância. São Paulo: Instituto Paramatma, 2016.

QUEIROZ, M. **Em busca do paraíso perdido:** A teoria dos tipos humanos no sistema Ouspensky - Gurdieff. São Paulo: Editora Mercuryo, 1995.

QUINTANA, M. **Agenda poética**. São Paulo: Editora Globo, 1994.

RIBEIRO, L. M. **Holodomor**: O genocídio ucraniano. Estudos em Ibero-Eslavos. Disponível em: www. academia. edu/1869830/Holodomor_O_Genocídio_Ucraniano. Acesso em: 3 fev. 2020.

ROGERS, C. **Em busca da vida**. São Paulo: Summus Editorial, 1984.

ROMIJN, H. **About the origins of counsciouness**: a new multidisciplinary perspective on the relationship between brain and mind. Amsterdã: Akademie van Weterschapen, 1997.

RUSSEL, B. **Religião e Ciência**. 1. ed. São Paulo: Editora Funpec, 2009.

RUSSEL, R. J.; MCNELLY, K. W. **Ciência e teologia**: Interação mútua. *In:* PETERS, T.; BENNETT, G. (org.). Construindo pontes entre ciência e religião. São Paulo: Loyola; Ed. UNESP, 2003.

SANTOS, B. S. Um discurso sobre as ciências na transição para uma ciência pós--moderna. **Revista Estudos Avançados**, São Paulo, v. 2, n. 2, maio/ag. 1988.

SANTOS, M. F. **Dicionário de filosofia e ciências culturais**. São Paulo: Editora Matese, 1963.

SAVIAN FILHO, J. **Deus**. Filosofia frente e verso. São Paulo: Editora Globo, 2008.

SCHRODINGER, E. **O que é vida?** O aspecto físico da célula viva. São Paulo: Editora Unesp, 1997.

SCHRODINGER, E. **Mente e matéria**. São Paulo: Editora Unesp, 1997.

SCHUMACHER, E. F. **O negócio é ser pequeno:** Um Estudo de Economia que leva em conta as pessoas. 2. ed. Rio de Janeiro: Zahar Editora, 1979.

SEVERINO, E. **Immortalità e destino**. Milão: Editora Rizzoli, 2008.

SHELDRAKE, R. **Ciência sem dogmas:** a nova revolução científica e o fim do paradigma materialista. 1. ed. São Paulo: Editora Cultrix, 2014.

SILVA, A. G. **Pascal:** cientista filósofo e místico. (Coleção Pensamento e Vida). São Paulo: Editora Escala, 2012.

SINGH, T. D. (org.). **Synthesis of science and religion:** Critical essays and dialogues. San Francisco: Bhaktivedanta Institute, 1988.

SINGH, T. D. Princípios da reencarnação. *In:* PRABHUPADA. **Veda:** uma antologia de artigos e ensaios. São Paulo: Editora BBT, 2013. p. 109-122.

SINGH T. D. **Science, Spirituality, and the Nature of Reality**: A Discussion Between Roger Penrose and T. D. Singh. San Francisco: Bhaktivedanta Institute, 2005.

STEINER, R. **A filosofia da liberdade:** fundamentos para uma filosofia moderna. 3. ed. São Paulo: Antroposófica, 2000.

STEINHARDT, P. J., TUROK, N., **A Cyclic Model of the Universe** arXiv:hep-th/0111030, 10 oct. 2002.

STONE, R. H. Paul Tillich: On the Boundary Between Protestantism and Marxism. **Laval théologique et philosophique,** v. 45, n. 3, p. 393–404, 1989.

STRAUSS, L. **History of political philosophy.** 2. ed. Chicago: Rand Mc Nally, 1972.

TAGORE, R. **Sadhana:** O caminho da realização. (Série Educadores da Humanidade). São Paulo: Ed. Paulus, 1994.

TARDAN-MASQUELIER, Y. **C. G. Jung:** a sacralidade da experiência interior. São Paulo: Editora Paulus, 1994.

TASI, I. O QI da natureza. *In:* PRABHUPADA. **Veda:** uma antologia de artigos e ensaios. São Paulo: Editora BBT, 2013. p. 99-107.

TOWNES, C. H. The convergence of Science and Religion: A Nobel Prizewinner explores their basic similarities. **Think Magazine,** v. 32. n. 2. New York: IBM, 1966.

VETTER, H. **O coração de Deus:** seleção de poemas e orações de Rabindranath Tagore. Rio de Janeiro: Editora Ediouro, 2003.

VLASTOS, G. **Platonic Studies.** 2. ed. New Jersey: Princeton University Press, 1983.

VILASA, R. D. **A divina sucessão.** Brasília: Editora BBT, 2003.

WALD, G. Life and mind in the universe. **International Journal of Quantum Chemistry,** v. 26, n. 11, p. 1-15, 1984.

WALKER, E. H. The nature of consciousness. **Mathematical Biosciences.** v. 7, 1970, p. 131–178.

WALSH, R. N.; VAUGHAN, F. (org.). **Além do Ego:** dimensões Transpessoais Em Psicologia. São Paulo: Ed. Cultrix, 1991.

WEEB, D. **O segredo da identidade de Darwin.** Upsala, Suécia: Coch Press, Upsala, 1985.

WEBER, R. **Diálogo com cientistas e sábios:** a busca da unidade. São Paulo: Editora Cultrix, 1986.

WIGNER, E. P. **Events, Laws of Nature, and Invariance Principles.** Science, v. 145. n. 3636, set. 1964.

WOLF, F. A.; TOBEM, B. **Espaço tempo e além.** São Paulo: Editora Cultrix, 1982.

ZILLES, U. **Filosofia da religião.** 4. ed. São Paulo: Editora Paulus, 2002.